창의성이 뭐길래?

인공지능 시대의 창의성 키우는 방법

CREATIVITY

창의성이 뭐길래?

인공지능 시대의 창의성 키우는 방법

CREATIVITY

장은영 저

솔과학

프롤로그

21세기를 정보화 시대, 인공지능의 시대라 한다. 새로운 기술의 발전으로 세상은 눈 깜짝할 사이에 다른 세상으로 변하고 있다. 변화속도는 점차 가속화되고 복잡해지고 있어, 어제는 경험해 보지 못한 새로운 제품, 새로운 서비스가 등장하고 있다. 기존에 알고 있던 지식과 경험이 더 이상 통용되지 않고 새로운 삶의 방식이 필요하다. 새로운 삶의 방식이며 경쟁력의 핵심원천인 창의성이 필요하게 되었다.

우리는 살아가면서 문제에 직면하기 마련이다. 어느 시대, 어떤 삶을 살든 문제는 늘 존재한다. 그리고 문제들을 얼마나 잘 현명하게 대처하고 해결하는지에 따라 우리 삶은 달라진다. 창의성은 우리에게 직면한 문제가 무엇인지 발견하고, 현명하고 슬기롭게 해결해나갈 수 있게 해준다.

이 책은 창의성이 왜 필요한가를 말하고 있다. 창의적 대가들의 특징과 학자들의 연구결과를 바탕으로 창의성이 무엇인가에 대해 말한다. 아울러 창의적으로 생각하는 기법과 창의성을 발휘하기 위해 어느 누구든지 쉽게 실천할 수 있는 방법을 소개하고 있다.

우리는 살면서 늘 크고 작은 문제에 직면하게 된다. 문제를 해결하고 잘 사는 방법을 생각하지만 사람마다 닥친 문제와 처한 환경이 모두 다를 것이므로, 사람마다 서로 다른 상황, 서로 다른 문제에 대해 해결 방법도 각기 다를 것이다. 어떤 문제나 환경을 갖고 있든 우리는 그 문제를 해결했을 때 행복할 수 있을 것이다. 문제를 슬기롭게 풀어야 한다.

우리가 살면서 생기는 문제들은 수학문제가 아니기 때문에 하나의 정답만 있는 경우는 없다. 수많은 해결방법을 찾아내고 그 중에서 가장 좋은 것을 선택해야 한다. 그러므로 생각을 다양하게 하는 것이 필요한 것이다. 조금 다르게 시작한 생각이 나중에는 엄청나게 다른 결과를 초래할 수 있으므로 처한 환경과 문제가 복잡할수록 여러 가지 다양한 접근방법이 필요하다.

문제해결을 할 때도 내가 선택할 수 있는 도구가 많을수록 상황에 적합한 해결책을 만들 확률이 높아진다. 따라서 창의적으로 생각하는 기법들을 많이 습득하고 익힐수록 문제를 해결할 수 있는 접근방법이 다양해지고 문제를 창의적으로 해결할 수 있게 된다.

:: 창의성이란 무엇인가?

창의성은 창의력, 창조, 새로운 생각, Creativity 등으로 다양하게 말하고 있는데, 이렇게 다양한 표현만큼이나 창의성은 다양하게 해석된다.

창의성이란 창의적 사고를 통한 문제해결 능력으로서, 새롭고 독특하며 유용한 결과물을 만들어내는 능력이다. 기존 지식이나 경험을 바탕으로 정보를 새롭게 연결하고 조합하여 새로운 것을 만드는 능력이기도 하다. 새롭다는 것이 세상에 없었던 것만을 말하지는 않는다. 동일한 사물이나 사건을 보더라도, 다른 관점에서 다르게 생각하여 새로운 무언가를 만든다면 새롭다고 말할 수 있다. 게다가 그 새로운 생각이나 독특한 아이디어가 사회에서 유용한 가치가 있을 때 창의적이라고 할 수 있다.

:: 창의적인 사람은 어떤 사람인가?

인공지능(AI), 4차 산업혁명 등 급변하는 시대일수록 학교, 기업 등 어디에서나 창의적 인재를 원하고, 창의적 인재가 되기를 원한다. 그럼에도 불구하고 "당신이 창의적인 사람인가요?"라고 묻는 질문에 선뜻 "예"라는 대답을 못하고 대부분 머뭇거린다.

세상 사람들 모두는 각기 다른 삶을 살고 있다. 심지어 쌍둥이라 할지라도 똑같은 삶을 살고 있지 않다. 각기 다른 생각들과 다른 경험을 하면서 살고 있는 것만으로 우리는 누구나 창의적인 사람이 될 수 있는 것이다.

창의성은 누구나 갖고 있는 인간의 기본 특성이며, 남과 다르게 생각하는 것이 창의성이므로, 누구나 조금만 창의적 생각기법을 익히고 훈련한다면 창의성을 발휘하면서 살아갈 수 있게 된다.

이 책의 6~7장에는 문제가 무엇인지를 발견하고 창의적으로 해결하는 방법을 저자의 사례를 들어 보여주고 있다. 문제를 풀려면 문제가 무엇인지부터 명확히 알아야 풀 수 있기 때문에, 문제를 발견하기 위한 다양한 시도들을 나열했다. 뿐만 아니라 자기 자신에 대한 분석, 목표설정, 그리고 목표를 창의적으로 해결해나가는 과정을 자세히 적었다.

창의적 사고가 어느 부분에서 적용되었는지, 또는 적용이 안 되었는지를 느낄 수 있으며, 여러분도 이 과정을 단계별로 따라해 보면 어느덧 창의적 결과물을 얻을 수 있을 것이다. 이를 통해 창의적 생각기법들이 어떤 순간에 어떻게 발휘되는지를 조금이라도 이해할 수 있을 것이다.

누구든 창의적으로 생각하는 방법을 습득하고 훈련한다면 창의적 결과물을 만들어낼 수 있다. 단, 생각만 해서는 안되고 스스로 생각하고 직접 실천해보는 것이 중요하다. 창의성은 자신의 문제를 스스로 발견할 수 있게 하고, 목표달성과 같이 창의적으로 문제해결을 위한 가장 현명한 방법이기 때문이다.

2018년 3월

장은영

전 국회의원 **권은희**

창의성의 시작은 질문이다. 이 책도 기존의 창의성 관련 서적과 같이 "내가 창의성을 어떻게 기를 수 있을까?" 로부터 출발한다. 당돌한 질문과 그 해답에 대한 고민의 흔적이 묻어난다.

무엇보다 바쁜 시간을 쪼개어 해답을 구하기 위해, 또 이를 구하는 사람들에게 알려주기 위한 장은영 후배의 노력에 찬사를 보낸다.

한국기술교육대학교 교수 **김병근**
(기술경영경제학회 회장 역임)

본 저서는 인공지능이 주목 받는 4차 산업혁명시대에 우
리의 창의성이 왜 필요하고 왜 중요한 지에 대해 명쾌한 해
석을 제시하고 있습니다. 학술적으로 다양한 관점에서 탐구
되어온 창의성이 우리의 삶에 무엇을 의미하는 지에 대해
쉽고 간결하게 설명하고 있습니다.

특히, 우리가 일상생활에서 창의성을 키울 수 있는 구체
적인 방법과 사례를 친절하게 제시하고 있어 책을 읽는 모
두가 창의적인 사람으로 자신 있고 경쟁력을 갖출 수 있는
길을 안내하고 있습니다.

KT 기업사업부문 부사장 박윤영

　기술이 하루가 다르게 발전하다 보니 이제는 기계, 컴퓨터가 사람이 하던 일을 거의 대신하고 있다. 머리를 쓰는 영역인데도 말이다. 그것도 훨씬 더 잘한다.

　그래도 전문가들이 이구동성을 얘기하는 한가지는 'Creative' 영역은 사람의 몫으로 남을 거라 한다. 이 'Creative'함을 위해 우리가 뭘 해야 하는지, 지금까지 나온 이론과 경험 중 쓸만한 것을 모두 모아 놓은 것이 바로 이 책이다. 뿐만 아니라, 저자 자신의 생생한 경험을 더해 그 실효성을 입증해줬다. '창의성'에 관한 한 완결판이다.

　저자는 살아남기 만만치 않은 요즈음의 직장인이다. 여유 시간이 거의 없다는 얘기다. 그 와중에 '창의'를 위한 자신의 방법론에 따른 실천과제의 결과가 바로 이 책이다. 이만하면 저자와, 저자의 이 책은 'Creative'에 있어 이미 차고 넘치지 않을까?

전 미래창조과학부 차관 윤종록

우리는 원료를 넣어서 제품을 만드는 지난 60년의 산업경제에서 성공한 나라에 살고 있다. 이제는 상상력을 혁신으로 만드는 새로운 패러다임, 4차 산업혁명을 지향하고 있다.

여기에 필요한 힘은 증기, 전기와 같은 하드파워가 아니라, 눈에 보이지 않지만 거대한 힘, 소프트파워다. 소프트파워의 근간은 창의력이다.

저자 장은영은 나와 함께 KT연구소에서 세계 최고의 비옥한 디지털 토양을 만드는데 힘을 함께했다. 이제 이를 바탕으로, 청년들의 창의력이라는 씨앗을 키우는 새로운 메시지, 33가지의 생각도구를 제시하고 있다. 21세기 경제의 새로운 원료인 창의력 배양에 실질적인 도움이 될 것이다.

삼성전자 전무 임상모

　대기업 신입사원에서 임원까지, 기획, 혁신 및 인사관리 전 분야에서 30년을 일했던 나에게, "후배에게 해주고 싶은 한가지 얘기를 하라"고 하면 주저 없이 이 책을 권하고 싶다. 누구나 창의적 인재가 되고 싶어하며, 당연히 회사도 창의적 인재를 필요로 한다. 창의성이 중요한 이유는 회사의 경쟁력을 좌우하는 基本이기 때문이다.

　나는 회사의 경쟁력인 창의성을 크게 2가지로 생각하고 싶다. 우선 회사의 가장 중요한 경쟁력은 "고객의 마음을 얻을 수 있는, 새롭고 유용하며 독창적인 제품을 만드는 것"이며, 이를 위해서는 조직구성원들의 창의력이 바탕이 된다.

　두 번째는, 기존 경쟁사와 차별화된 경쟁력을 확보하기 위해서는 "내부 운영 프로세스를 효율화하여 원가경쟁력을 확보하는 것"이 필요하다. 이 경우에도 전통적인 사고방식에서 벗어나 새롭고 비일상적 아이디어를 산출하는 창의적인 인재가 반드시 필요하다.

시야를 회사가 아닌 개인이나 국가로 넓히더라도 저자가 기술하듯이 과거의 위대한 모든 혁신은 창의성의 산물이었다. 또한 창조적 혁신과 융합을 강조하는 미래 4차 산업혁명에서도 결국 창의성을 갖춘 인재가 매우 중요해 질 것이다.

이러한 이유로, 회사 동료나 팀원에게 창의적으로 업무하기를 지시하거나 조언하는 경우가 많다. 그러나 어떻게 하면 창의적인지를 알려 주기는 쉽지 않다. 왜냐하면 나 스스로도 창의적이기 위해 어떻게 해야 할지 막연하기 때문이다.

내 경험을 돌이켜 보면, 새로운 돌파구가 필요하지만 더 이상 진척이 없는 업무에 번 아웃(burn-out) 되었던 기억이 많다. 그러면 막연히 문제가 무엇이고 어떻게 해결할지 고민하다가, 운이 좋으면 해결하고 아니면 새로운 돌파구가 생기기 전까지 덮어 두었었다. 아마 독자들도 이러한 경험을 한 두번 이상은 했을 것이다. 나도 대기업에서 임원으로 승진한 것을 보면, 동료나 선배에게 창의적으로 업무를 처리했다는 평가를 받은 것이다.

이 책의 저자는 저자 자신의 경험을 바탕으로 창의성의 개념, 중요성, 기법은 물론 어떻게 훈련해야 할 지까지 제시하고 있다. 저자의 경험을 바탕으로 하고 있기에 나의 눈높이와도 잘 맞으며, 이것이 후배에게 권하고 싶은 포인트가 된다.

나는 이 책이 업무를 시작하려는 단계에서 창의성을 이해하고, 이를 훈련하는 방법을 알고 싶을 때 도움이 될 것으로 생각한다. 아울러 해오던 일이 잘 안 풀리거나, 절실하게 새로운 아이디어가 필요할 때 다시 꺼내어 정독한 다음 사색하고 몰입하기를 권한다.

부산 동의대학교 교수 **홍한국**

최근 대학생 대상의 여론조사에서 전체 10명 중 9명(90.5%)이 미래에는 창의성 교육이 중요하다는 결과가 나올 만큼, 4차 산업혁명 시대에 가장 필요한 능력이 '창의성'이라는데 대부분의 학생들이 공감하는 것으로 나타났다. 아마도 인공지능(AI)이 인간의 일자리를 대체할지도 모른다는 우려의 결과가 아닐까 한다. 하지만 특정한 직업을 준비하는 일보다 자신에게 맞는 일을 찾고 창의성을 기르는 것이 더 중요하다고 볼 수 있다.

본 저서는 창의적 생각기법을 익히고 훈련한다면 누구나 창의적인 사람이 될 수 있다는 것을 알기 쉽게 전달하고 있다. 저자의 실제 사례를 통해서 무엇을 어떻게 해야 창의성을 향상할 수 있는지에 대한 구체적 실천 방법을 제시하고 있다. 4차 산업사회가 요구하고 있는, 미래의 창의적인 인재가 되어야 하는 대학생들에게는 필독서라고 생각된다.

Contents
차례

PART 1

창의성은 왜 필요한가?

PART 2

창의성은 무엇인가?

PART 3

창의성 대가들은 공통된 특징이 있다

PART 5

창의성 훈련을 위한 실천방법

붙임

CREATIVITY

PART 1

창의성은 왜 필요한가?

한번도 실수한 적이 없는 사람은

한번도 새로운 일을 하지 않은 사람이다.

– 아인슈타인 –

1 : 알파고의 시대, 창의성이 급부상했다

인생을 가치 있게 살기를 원하는 우리들의 세상은 빠르게 변해가고 있다. 인공지능(AI)[1], 클라우드(cloud), 로봇, 사물인터넷(IoT), 빅데이터(Big Data), 4차 산업혁명 등 새로운 기술이 등장하기 시작했다. 18세기 말(1780년 이후) 증기기관의 발명(1784년)을 시작으로 1차 산업혁명, 19세기 말(1870년 이후) 컨베이어 벨트 및 대량생산으로 2차 산업혁명이 발생했으며. 그로부터 약 100년 후인 20세기(1970년 이후)에 컴퓨터에 의한 생산 자동화 기술로 3차 산업혁명이 나타났다. 거의 100년에 한 번씩 새로운 기술이 나타나 산업혁명을 일으킨 것이다. 그리

---

[1] 1956년 다트머스 학술대회에서 인공지능(Artificial Intelligent)이라는 용어가 공식적으로 등장했다.

고 3차 산업혁명이 발생한 지 50여 년밖에 안되어 4차 산업
혁명이 대두되었다. 이처럼 빠른 기술의 발전과 함께 우리
삶의 방식도 급속히 변하고 있다.

:: 정보화시대, 불확실성 시대

디지털 경제나 지식 기반 정보의 확산으로 과거에는 상상
할 수 없었던 새로운 제품이나 서비스가 등장하고 있으며,
컴퓨터와 인터넷의 발달로 누구나 필요한 정보를 쉽게 얻을
수 있게 되었다. 하루에도 어마어마한 양의 데이터들이 생
성되고, 새로운 정보들은 또 다른 정보를 생산해내고 있다.
이제는 누구나 쉽게 고급 정보를 얻을 수 있게 되었고, 넘쳐
나는 정보 속에서 유용한 정보를 골라내고 판단할 수 있는
능력이 중요해지기 시작한 것이다.

인공지능을 비롯한 4차 산업혁명 시대의 기술발달은 우
리가 미처 생각지도 못한 서비스와 제품을 만들어내고 있
다. 이런 급속한 변화는 우리의 생활방식이나 가치관, 문화
까지도 빠르게 변화시킬 것으로 예상된다. 기술변화의 속도
가 너무 빠르기에 학교에서 배운 지식과 경험이 쓸모없게
되었고, 어제까지의 경험과 해결방안이 더 이상 통하지 않
게 되었다. 새로운 상황에서는 기존의 사고와 지식이나 판
단기준으로는 더 이상 문제를 해결할 수 없기 때문에 새로

운 해결책을 요구하고 있다.

:: 창의성은 점차 중요해지고 있다

지금은 국내 상황뿐만 아니라 글로벌 정보까지도 실시간으로 얻을 수 있지만, 내게 필요한 정보를 취사선택하는 것은 어렵게 되었다. 무엇이 최선인지도 알기 어렵다. 세상은 점점 더 치밀하게 연결되고 복잡하게 얽혀가고 있다. 이처럼 빠른 변화속도에 따라 불확실성이 높아진 환경에서는 인공지능(AI)과 같은 첨단기술을 동원하더라도, 그때마다 정확하게 판단하며 적응하기가 어렵다. 이런 시대에 적응하기 위해서는 창의성이 필수적일 수밖에 없다.

기술발달은 생활의 대부분을 자동화시켜 편리하게 만들어줬다. 그러나 인공지능 기술이 발달되더라도, 인간의 창의성을 쉽게 추월하지는 못하는 것 같다. 따라서 인공지능이 인간의 역할을 대신할수록 창의성을 더욱 필요로 할 것이며, 창의성에 대한 사회적 요구가 증가할 것이다. 기존 시대에서는 많은 자본과 지식을 갖고 있는 사람이 유리했을지 모르나, 불확실성이 높은 시대에서는 창의성이 높은 사람이 유리하다. 이제는 창의적인 사람이 살기 좋은 세상이 된 것이다. 빠르게 변화하는 불확실성 시대를 살아가는 우리에게 생존을 위해서라도 창의성은 필요하다.

2 : 인류의 발전은 창의성의 연속이었다

　인류 문명은 창의적 결과물의 연속이다. 우리가 살면서 배우는 지식이나 정보들은 누군가 발견해낸 지식의 산물이고, 일상생활에 사용되는 모든 문명의 이기들이나 예술품들은 누군가가 만들어낸 창의적 결과물이다. 기존에 없던 새롭고 불확실한 입력이 들어올 때, 인류는 새로운 생각을 해냄으로써 서서히 진화되어왔다. 새로운 생각이 창의성이다.

:: 인간은 원래 창의적이다

　많은 학자들은 "창의성은 누가, 언제, 어디에서 발휘할지 모른다"고 한다. 이 말을 다르게 해석하면, 창의성은 인간 누구나 지니고 있는 본질적 특성이므로, 사람마다 잠재되어 있는 창의성을 끄집어내기만 하면 누구든 창의적인 사람이 될 수 있다는 것이다.

우리는 종종 창의성이 특별한 사람만이 갖고 있는 능력이라고 여기며, '나는 창의성이 없다'고 생각한다. 모차르트, 바흐, 셰익스피어, 톨스토이, 레오나르도 다빈치, 미켈란젤로, 피카소, 반 고흐 등과 같이 예술이나 문학적으로 뛰어난 사람이거나, 아인슈타인이나 에디슨, 뉴턴과 같이 천재적인 사람들을 창의적인 사람으로 떠올리기 때문에, 우리 스스로는 창의성이 없다고 쉽게 포기해버린다. 게다가 창의적 아이디어를 내놓으라고 하면 부담을 느끼며 만들지 못하는 경우가 많다.

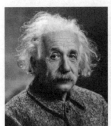

[그림 1-1] 아인슈타인, 에디슨, 스티브 잡스

창의성은 인간의 본질이지만, 아무리 타고난 재능을 갖고 있더라도 저절로 발휘되지 않는다. 잠재력을 가지고 있는 것과 발휘하는 것은 다르기 때문이다.

인류의 진화는 과학기술의 끊임없는 발전으로 이루어져 왔으며, 인간은 편리함과 행복을 추구함으로써 새로운 문화를 발전시켰다. 새롭고 독특한 아이디어는 우리의 생활을 편리하게 해주었을 뿐만 아니라 엄청난 경제적 부가가치를 가져다주었다. 인간의 창의성은 생활수준을 높일 수 있는 계기를 만들어주었고, 이로 인해 우리의 삶이 더욱 풍요로워졌다.

[그림 1-2] 돌도끼, 빗살무늬토기, 교통수단들

지금까지 인류가 사라지지 않고 발전해온 것만으로도, 인간이 원래부터 창의적이라는 것을 알 수 있다. 창의성은 생존을 위해 필수적이다. 원시인들은 음식 섭취를 위해 돌도끼라는 도구를 만들어 사냥했다. 불을 다루게 되면서 음식을 익혀먹고, 토기를 만들어 음식을 보관하는 등 조금씩 진화하게 된다. 자동차, 기차, 비행기 등을 만들어 이동성을 편리하게 했으며, 세탁기, 냉장고, 에어컨 등의 전자제품을 만들어 어느 정도는 가사노동에서 벗어나게 했다.

통신기술의 발달을 보면, 멀리 있는 사람과도 얘기할 수 있는 방법을 고민하기 시작하면서 기술이 발전되었다. 음성 대신 봉화(연기)를 올려 상호간 합의된 신호에 의해 대화를 대신했으며, 좀 더 발전된 방법인 모르스 부호가 쓰였다. 더 나아가 유선전화기가 발명되었고, 무선전화로 발전하였으며, 점차 스마트 폰으로 진화, 발전되었다.

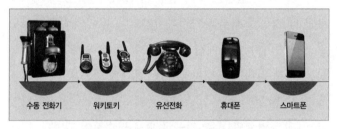

| 수동 전화기 | 워키토키 | 유선전화 | 휴대폰 | 스마트폰 |

[그림 1- 3] 전화기/스마트 폰의 발전단계

우리가 문제에 직면했을 때, 그 문제를 해결해나가는 과정 속에서 창의성이 나타나기도 한다. 문제해결책으로 새로운 아이디어나 남과 다른 것을 생각해내기도 하는데 이것도 창의성이다.

풀밭에 앉으려는데 돗자리가 없어서 갖고 있던 신문지나 종이로 대신하는 것도 창의성이며, 비 오는 날 우산 대신 갖고 있는 가방으로 비를 막는 것도 창의성이다. 문제해결을 위해 즉흥적으로 대처하는 행동이나, 사람들을 웃기려고 유머러스한 이야기를 꾸며내는 것도 창의성이다. 창의성은 우리 주변 어디에서든 존재할 수 있다.

:: 창의성은 기술발전의 원동력이며, 기업 가치를 창출시킨다

창의성은 기술을 급속히 발전시켰으며, 새롭고 독특한 아이디어로 생활의 편리성뿐만 아니라 엄청난 경제적 부가가치를 가져다주었다. 스마트폰은 구글이나 페이스북 등 글로벌 IT 기업들에 부를 가져다주었으며, 우리의 생활방식도 완전히 변화시켰다. 예전에는 음악을 듣기 위해 MP3를, 사진을 찍기 위해 디지털카메라를, 전화를 하기 위해 휴대폰을 각각 들고 다녔으나, 스마트폰에 모든 기능이 포함되었고. 이제는 없으면 살 수 없을 정도로 필수품이 되었다.

새로운 아이디어는 새로운 산업도 창출시킨다. 애플은 개인용 컴퓨터(PC), 스마트폰이라는 새로운 산업을 발생시켰으며, 아마존 닷컴은 평소 우리가 생각하던 서점의 개념을 완전히 뒤바꾸어놓았다. 페이스북도 사람들 간의 연결이라는 아이디어로 놀라울 정도로 성장하는 기업이 되었다. 이들은 모두 단 하나의 새롭고 독특한 아이디어로 성장한 것이다.

기업은 빠른 변화에 적응하고 치열한 경쟁에서 살아남기

위해서, 고객이 원하는 상품을 찾아내고, 높은 품질과 저렴한 가격으로 상품을 제공할 수 있어야 한다. 남들과 차별화된 경쟁력을 갖기 위해, 끊임없이 새로운 아이디어를 생성해야만 한다.

:: 창의성은 대기업을 망하게도 하고, 엄청난 경제적 이익을 가져다주기도 한다

잘 나가던 대기업이라도 빠르게 변화하는 세상에 창의적으로 대응하지 못하면 하루아침에 몰락할 수 있다.

핀란드의 휴대전화 제조업체 노키아[2]는 1998년에 세계 시장점유율이 1위였고, 2007년까지만 해도 시장의 50%를 점유한 절대 강자였지만, 창의적 혁신에 실패하여 2013년 마이크로소프트에 인수되어 사라졌다. 일본의 소니는 1970~90년대 워크맨(Walkman)으로 세계 시장을 주름잡았지만, 아날로그에서 디지털로 변환하지 못하여 2016년 적자가 5,200억 엔에 이를 정도로 찌그러들었다.

또한 코닥은 1976년 미국 필름 판매의 90%, 카메라 판매의 85%를 점유했으며, 1990년대까지도 세계에서 가장 가치

---

2 스위스 IMD 로라 교수에 의하면 그들은 빠른 변화에 시장예측을 잘했으나, 노키아는 경쟁업체에 대한 이해가 없기 때문에 망했으며, 소니는 너무도 철저한 계획을 세웠기 때문에 실패했다고 분석했다.

높은 5대 기업 중 하나였다. 하지만 디지털카메라를 최초로 개발했음에도 불구하고, 필름에서 수익이 많이 나오고 있었기에 디지털카메라의 가능성을 간과했다. 반면 후발업체인 후지필름은 2003년 대대적 구조조정과 아울러 평판 디스플레이, 의료장비, 제약, 화장품 등 사업영역을 과감하게 확장함으로써 창의적 혁신에 성공했다.

이와는 반대로, 작은 아이디어라도 창의성은 엄청난 부를 가져다주기도 한다. 페이스북의 창립자 마크 주크버그는 20대 때 서로의 정보를 편하고 쉽게 주고받을 수 없을까라는 단순한 생각으로 페이스북을 만들었고, 덕분에 세계적 자산가가 되었다. 애플의 스티브 잡스 역시 전화, 메시지, 인터넷, 카메라, MP3 등을 하나로 조합한다는 아이디어로 아이폰을 만들었다. 기존에 없던 것으로 새로운 것을 만든 것이 아니라, 기존의 기능들을 새롭게 연결하여 조합함으로써 엄청난 부가가치를 창출한 것이다.

3 : 창의성은
행복을 보장한다

　우리는 경쟁사회에 살고 있으며, 경쟁에서 살아남기 위해 부단히 노력하고 있다. 그런데 지금까지는 사람과의 경쟁에서 살아남으려고 노력했으나, 4차 산업혁명이 도래함에 따라 이제는 사람뿐 아니라 인공지능을 갖춘 기계와도 경쟁해야 하는 세상이 되었다. 과학기술의 급속한 발달이 인간 생활을 편리하게 하는 방향으로 진화해온 것은 분명하지만, 치열한 경쟁에서 살아남아야 하는 생존의 문제도 가속화시켰다.

　생존경쟁에서 살아남기 위해서는 남들과 다른 생각을 하거나, 남들이 미처 생각하지 못한 새로운 아이디어가 필요하다. 『해리 포터』의 작가 조엔 롤링은 불확실성 시대에 생존하기 위해서 창의성으로 무장해야 한다고 말한 바 있다.

:: 인간은 새로운 문제를 발견하면 기쁨과 행복을 느낀다(창의 성 발휘)

사람들은 누구나 인간적인 행복을 원한다. 누구는 돈을 많이 벌고 싶어 하고, 누구는 공부를 잘하고 싶어 하며, 누구는 세계여행을 꿈꾼다. 매일같이 반복되는 일상 속에서도 조금이라도 변화를 꾀하여 현재보다 나은 삶을 영위하고 싶은 것이다. 모든 행복의 근원은 사람들이 좀 더 즐겁고 행복을 느끼기 위해 꿈꾸는 것을 성취하는 것이다.

그러나 문제가 늘 우리 앞에 나타나 행복을 방해한다. 문제가 발생하면 사람들은 그때부터 고민이 시작되고, 어떤 방식으로든 문제를 해결하려고 노력한다. 사람들은 문제가 발생할 때마다 각자의 방식대로 나름대로의 기준을 적용하고 판단하게 된다.

문제해결을 위해서는 우선 내게 닥친 문제가 무엇인지 정확하게 파악하는 것이 중요하다. 때로는 사람들은 문제를 제대로 발견하는 것으로도 행복을 느낀다. 이것은 목표가 있거나 꿈이 있기 때문이다.

:: 인간은 새로운 것을 만들어내는 것에 기쁨과 행복을 느낀다

인간은 뭔가 새로운 것을 만들거나 문제를 해결할 때 기쁨을 느낀다. 창의성은 엄청난 과학적 발견이나 신규 상품

개발을 위해서만 필요한 것이 아니다. 사람들은 작사나 작곡, 그림 그리기나 공예품 만들기 등 무언가 새로운 것을 만들어내는 것에 즐거움을 느낀다. 창작의 과정 그 자체를 즐긴다. 따라서 창의적인 사람들은 행복할 수밖에 없다.

학생시절에 어려운 수학문제를 풀면서 희열을 느낀 적이 있는가. 혹은 피곤한 줄도 모르고 밤새워 목표를 달성하기 위해 노력해본 적이 있는가. 기쁨은 크고 작은 크기가 아니라 빈도가 많을수록 행복을 강하게 느낀다. 고기도 먹어본 사람이 고기 맛을 알고, 노는 것도 놀아본 사람이 제대로 놀 줄 알듯이, 목표도 작은 성취라도 성취해본 경험이 있는 사람이 과거 성공경험에 의해 달성한다.

어떤 어려운 문제가 주어졌다면, 어려운 문제를 풀어본 경험이 없는 사람은 풀기도 전에 포기할 가능성이 높다. 반면 어려운 문제를 풀어본 경험이 있는 사람은 오히려 자신감과 도전의식으로 의지를 보인다. 어려운 문제를 해결할수록 행복할 수 있기 때문에 문제를 피하지 않고 즐겨야 한다. 문제를 자꾸 풀다보면 만만해지고 쉬워진다. 문제해결을 위한 생각의 발전단계는 다음과 같이 진행되기 때문이다.

1. 어려운 문제에 몰두하다 보면, 문제를 스스로 해결하는 것에 익숙해지고 반복하게 된다.

2. 같은 행동의 반복은 습관이 된다.
3. 문제해결 과정에서 흥미를 느껴 결국 생각하는 힘이 길러진다. 생각하는 힘이 창의성이다.
4. 새로운 문제를 하나씩 해결하다 보면 지적 능력이 향상된다.
5. 문제해결에 의한 만족감으로 행복을 느낀다.

어떤 상황에 직면하든지, 무슨 일을 하든지, 창의성은 내게 닥친 문제를 정확히 발견하고 슬기롭게 해결하는 방법이므로, 어떤 문제에 처하든지 탁월한 판단과 결정으로 행복을 성취할 수 있게 해준다. 따라서 창의성은 우리 삶에 중요한 의미를 갖게 한다.

CREATIVITY

PART 2

창의성은 무엇인가?

창의성이라는 것은 단지 연결하는 것이다.

(Creativity is just connecting things)

- 스티브잡스 -

1 : 창의성은 새롭고 유용한 것을 만들어내는 능력이다

창의성(創意性)은 정의가 모호하고 추상적이어서 한마디로 정의하기 어렵다. 사람들의 관점에 따라 다양하게 이해되고 해석되기 때문이다.

미국 조지아 대학 토랜스 교수가 학생들과 함께 창의성이 어떻게 표현되는지를 정리했다. 그들은 창의성을 매우 다양하고 독창적으로 표현했다. 한편 타일러(Taylor) 교수는 창의성이 50여 가지로 다양하게 해석된다고 했다.

> • 무언가 알기 원하는 것
> • 안으로 파고드는 것
> • 내일과 악수하는 것
> • 여러 곳을 거쳐 어느 하나를 더 깊게 파는 것

- 냄새를 맡으려고 귀를 기울이는 것, 코로 냄새를 맡는 것이 아니라 귀를 기울이는 것
- 모래성을 쌓는 것
- 지름길을 찾아가는 것
- 쉼 없이 걸어가는 생각의 계단에서 다른 길을 찾아 보는 것
- 틀 안에 갇히지 않고 밖으로 벗어나는 것

:: 창의성은 새롭고 유용한 창의적 결과물이다

심리학자인 프랑크 베르츠바흐는 『창조성을 지켜라』에서 창의성을 "인간 활동의 모든 분야에서 새롭고 적당한 아이디어를 만들어내는 것"이라고 정의했다. 창의성의 대가로 불리는 하버드대 아마빌 교수는 창의성을 "무언가 새롭고 독창적이면서도 유용한 것을 만들어내는 것"이라고 했다.

여러 학자들은 공통적으로 창의성에서 새로움과 유용성을 강조한다. 이때 새로움은 세상에 없는 새로운 것을 만들어내는 것뿐만 아니라, 기존의 것을 수정, 변경하는 것을 말한다. 또한 단지 새롭고 독특하기만 해서는 안 되며, 사람들에게 유용해야 창의적이라고 인정된다.

기억될만한 대표적인 창의적 결과물은 문명의 이기들과 발명품이다. 노벨의 다이너마이트, 에디슨의 전구, 라이트 형제의 비행기, 벨의 전화기 등과 같은 발명품들은 이전에

존재하지 않았던 것을 처음으로 발명하여 사회적으로 인정받은 창의적 결과물이다. 세탁기, 청소기, 냉장고 등과 같은 전자제품이나 시, 그림, 음악, 건축물 등의 문학작품이나 예술품도 창의적 결과물이다.

:: 창의성의 구성 요소

인간은 원래 창의적이라고 말할 수 있는데, 창의성의 대가 아마빌 교수는 개인의 전문지식과 경험, 창의적인 사고기술, 내적동기가 있어야 창의성이 발현될 수 있다고 하였다.

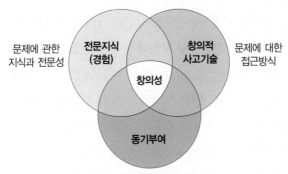

[그림 2-2] 아마빌의 창의성 구성요소

전문지식과 경험

아인슈타인은 1907년 상대성 이론에 대해 생각하기 시작했으나 8년 후인 1915년에 완성했고, 모차르트는 3세에 학습과 훈련을 시작하여 12년을 거쳐서야 첫 작품이 나왔다. 헤이즈가 유명 작곡가 76명을 조사 분석한 결과, 대표곡을 만들기까지 평균 1년 이상이 걸렸으며, 그 이전까지는 기존 지식을 습득하느라 보낸 시간들이었다. 스티브 잡스도 전자 장치에 관심을 가지기 시작한 지 10년 후에나 애플 컴퓨터를 만들었다. 모든 창의적 결과물에는 전문지식이나 경험을 학습할 충분한 시간이 필요하다.

창의적 사고기술

창의적 사고란 "기존 생각에서 벗어나 새로운 시각과 사고를 가지고 해결하는 것"을 말한다. 남들이 발견하지 못한 새로운 문제나 가능성을 찾아내는 것이 중요한 것이다.

칙센트미하이, 게첼스는 화가 지망생 31명의 독창성을 평가하는 실험을 했다. 창의적인 화가 지망생은 그렇지 않은 화가 지망생보다 그림을 구상하는 데 더 오랜 시간을 사용했다. 다시 말해 그림을 그리는 시간보다 구상하는 시간, 즉 사물의 특징을 찾고 문제의 근원을 발견하는 데 더 많은 시간을 할애했다. 문제를 해결하는 것보다 문제를 발견하는 것이 더 중요하다는 것을 알게 해주는 실험이었던 것이다.

내적동기

문제를 발견하거나 창의적으로 문제해결을 하기 위해서는 동기부여가 반드시 필요하다. 성과급이나 이벤트성 금전적 보상은 일시적인 목표 달성에 효과적일 수 있지만, 동기부여 없이 지속적이고 뛰어난 성과를 기대하기는 어렵다. 외적 보상은 일시적 즐거움을 줄 뿐이며, 문제의 본질에 대한 인식이 없기 때문에 동기부여가 되지 않아 열정이 생기지 않는다. 스스로 내적 동기부여가 될 때 식을 줄 모르는 열정이 생기고, 그 자체로서의 즐거움과 성취감이 있을 때 창의성이 발휘된다.

:: 창의성은 새로운 문제를 발견하거나 문제해결을 위한 창의적 과정이다

예술품이나 발명품 등 가시적 결과물이 없더라도. 창의적 과정만으로도 창의성이라고 할 수 있다. 우드만(Woodman et al.), 폴러스(Paulus), 쿡(Cook) 등의 학자들은[3] 창의성을 "문제해결을

---

3   Woodman et al(1993): 창의성은 복잡한 사회시스템에서 개인들이 모여 함께 만든, 가치 있고 유용한 새로운 제품, 서비스, 아이디어의 절차 및 프로세스를 말한다. Paulus(1999): 창의성은 집단 내 새로운 아이디어의 창출, 개발, 평가 및 촉진 과정이다. Cook(1998): 창의성은 문제를 정의하고, 아이디어를 제안하고 선택하는 해결과정이다.

위해 새로운 아이디어를 발굴하고 개발하며, 평가 및 촉진하는 과정"이라고 정의한다. 창의성이란 새로운 아이디어를 생성하고 개발하며 평가 및 촉진시키는 일련의 모든 과정 자체라는 것이다.

킹 등의 학자는[4] 창의성을 "문제를 발견하고, 참신하고 유용한 해결책을 만들어내는 일련의 과정으로서, 새로운 아이디어를 발산하는 확산적 사고와, 발산된 아이디어나 내용을 요약 정리하는 수렴적 사고에 의해 창의적 과정이 이루어진다"고 했다.

한마디로 창의성을 창의적 과정으로 해석하는 것이다. 아무 생각 없는 상태에서 출발하여 문제를 발견하려고 노력하는 과정도 창의성이며, 자신의 한계를 뛰어넘는 높은 수준의 문제를 풀기 위해 노력하는 과정도 창의성으로 보는 것이다. 개인이 어떤 문제에 대해 새로운 생각으로 해결했다면 그것도 창의성이라 할 수 있다. 따라서 지속적으로 문제를 찾는 과정이나 새로운 해결방안을 마련하여 실천하는 과정 자체도 창의성이다.

요즘 20~30대가 가장 존경한다는 스티브 잡스도 "창의성

---

4   King, Walker & Broyles(1996) 학자의 창의성 정의.

은 다른 사람의 생각과는 뭔가 달라야 하고, 유용하고 의미 있는 것으로 문제를 해결할 수 있어야 하며, 기존의 틀을 깰 수 있는 창의력⁵을 길러야 한다"고 강조함으로써 창의적 사고과정을 중요하게 여긴 것을 알 수 있다.

:: 창의적인 개인도 창의성이다

창의적 개인(creative person)이란 개인의 성격이나 인지능력, 인지 스타일에서 창의적 특성이 나타나는 사람을 말하는 것이다.

성격

학자들마다 창의적인 개인의 성격을 다르게 표현하기도 하지만, 대체로 유창성, 융통성, 정교성, 독창성이 공통으로 드러나는 특징이다.

유창성은 제한된 시간 내에 많은 아이디어를 생성하는 능력을 말하며, 융통성은 다양한 사고와 생각, 여러 가지 관점

---

5   이 책에서는 창의성(創意性)과 창의력(創意力)을 같은 의미로 사용하고 있다. 그러나 원래의 의미는 아래와 같이 구분된다. 창의성(Creative personality)은 각자가 선천적으로 갖고 태어난 창의적인 성격을 말하며, 창의력(Creative ability)은 이 창의성을 후천적인 교육이나 훈련을 통해 하나의 능력으로 만드는 것이다. 따라서 창의성은 개인의 심리나 정서적 성향 및 성격적 특성과 관계가 있는 반면, 창의력은 독창적이고 가치 있는 산출물을 만들어 낼 수 있는 능력을 말한다("창의성과 창의력은 다르다", 강충인, The Science Times, 2017.10.06).

을 보는 것이다. 독창성은 남들과 똑같지 않은 기발하고 독특한 아이디어를 제시하는 것이며, 정교성은 아이디어를 구체화, 실용화하며 정교하게 다듬는 능력을 말한다.

여기에 다른 사람은 그냥 지나칠 일에도 민감하게 반응하는 민감성이나 진짜 문제를 제대로 발견하여 정의할 수 있는 문제 정의능력을 덧붙이는 사람도 있다.[6] 한마디로 이들은 다양한 흥미와 지적 호기심이 강하게 나타나며, 복잡함을 좋아하고 에너지가 많다.

인지능력

인지능력이란 지각하고 학습하며 기억과 생각을 말하는 것으로서, 다양한 잠재적 해결방안을 도출할 수 있는 능력이다. 창의적인 사람은 인지능력 면에서 문제에 대해 확산적 사고와 수렴적 사고 및 유추, 상상 등의 특징이 나타난다.

인지 스타일

어떤 사람은 문제의 원인을 파악하기 위해 체계적으로 분석하고 이해하려고 하고, 또 다른 사람은 느낌이나 감각에 의해 문제를 직관적으로 인지하기도 한다. 창의적인 사람은 직관적 인지 스타일이 특징이다.

---

6 "창의력이 곧 경쟁력, 잠자는 창의성을 깨워라!", (조선닷컴, 2014.2.12.)

일반적으로 우리가 창의성이라고 할 때는 흔히 넓은 의미의 창의성을 말하는 경우가 대부분이다. 즉, 창의성은 새롭고 독특하며, 가치 있고 유용한 창의적 결과물이다.

또한 창의성은 새로운 문제를 발견하거나 문제해결을 위한 창의적 사고과정 자체를 창의성이라고도 하며, 창의성의 또 다른 해석으로는 창의적인 사람을 말한다. 창의적인 사람이란 개인의 독특한 성격이나 인지능력, 인지 스타일에 의해 창의적인 특징이 나타나는 사람을 말하는 것이다.

2: 창의성은 기존 기억들을 새롭게 연결하고 조합하는 능력이다

　창의성은 기존 지식이나 경험을 기반으로 새롭게 연결하고 조합하는 것이다. 스티브 잡스에 의하면, 창의성은 무(無)에서 유(有)를 창조하는 것이 아니며, 컴퓨터와 전화, 카메라 등을 연결해서 스마트 폰이라는 새로운 제품을 만들었듯이, 기존에 존재하는 것들을 연결해서 새로운 것을 만들어내는 능력이다.

　기존 지식이나 경험을 기초로 새롭게 조합하려면 기본적으로 그 분야에 대한 지식이나 경험이 뇌에 기억되어 있어야 한다. 기억은 뇌의 특정부위가 아니라 전반에 걸쳐 골고루 저장된다. 인간은 뇌로 입력되는 정보를 순간적으로 파악하고, 어떤 행동을 해야 하는지를 판단할 수 있어야 한다.

이런 판단을 위해 기존 기억이 필요한 것이다.

기억은 인간을 동물과 구별할 수 있게 해주는 것으로, 한 가지 생각에 집중할 수 있게 해준다. 기억을 오래 갖고 있다면 같은 생각이 지속되는 것이므로, 기억을 갖고 있는 유지 시간에 비례해서 일관된 생각을 하게 된다.

:: 예기치 않은 일이 발생할 때 창의성이 필요하다

사람은 자고 먹고 생활하는 일상을 처리하는 데 뇌의 95%를 사용한다. 이러한 일상은 예정된 입력에 예정된 출력으로서 동물과 다르지 않은 습관적 행동이다. 걷거나 숨을 쉬는 등은 기존 기억에 이미 있는 것이므로, 새로운 기억들의 연결이나 조합 없이 기존 기억에서 꺼내 그대로 내보내면 된다.

그런데 예기치 않은 사건이 발생하면 예정되어 있는 출력이 없기 때문에, 기존에 있던 옛날 기억을 바탕으로 새로운 문제를 해결하려고 한다. 이때가 창의성이 필요한 순간이다.

우리의 뇌는 새로운 상황에 직면하거나 뭔가 새로운 것을 하고 싶은 욕구가 생길 때, 기존 기억에 없으므로 도파민이 생성된다. 도파민은 뇌신경세포의 흥분을 전달하는 물질로서 기억을 돕는다. 도파민은 익숙한 상황에서는 감정이 무뎌져서 잘 나오지 않으며, 낯선 상황일수록 잘 나온다. 가능한 낯선 상황을 만들어 도파민이 잘 나오도록 하여야 기억이 잘 된다. 또한 몸을 움직일 때 더 잘 나오므로, 심각한 고민거리가 생기면 앉아서 생각하기보다는 걸어 다니며 생각하는 것이 기억력을 향상시켜 문제해결력을 높인다.

:: 기억을 많이 할수록 감정이 풍부해져 창의성이 향상된다

기억은 감정과 연결되어 있기 때문에 기억(사고)을 많이 할수록 감정(정서)이 풍부해지고, 감정을 일으켜 행동하게 만든다.[7] 창의적 인물들은 매우 예민하게 감정을 느끼는 사람들이다. "웬지?"라는 느낌은 알고 있는 세계를 말한다. 느낌이라는 것은 불확실성에 대처하기 위해 개발된 인지적 대응능력이다. 따라서 미래를 예측하는 것도 느낌을 통해 표현된다.

---

7 파페즈 회로: 미국 신경생리학자 제임스 파페즈(James Papez, 1883~1958)가 발견한 뇌 신경회로. 기억과 감정은 분리된 실체가 아니며, 감정과 기억 구조 간 상호작용에 의해 나타난다고 한다.

감정은 창의성과의 연결고리를 만들고[8], 특정 분야의 관심과 감정은 그 분야의 기억량에 비례하므로 기억하지 못하면 행동할 수 없다. 우리가 잠을 자거나, 밥을 먹고 말하는 생존에 관한 것들은 모두 기억하고 있기 때문에 가능한 것이다.

기억량이 많고, 많은 입력과 인상적이며 풍부한 감정이 있으면, 기억장치(해마)에 오랫동안 저장할 수 있으므로 기억을 쉽게 할 수 있다.

기억은 창의성에서 중요한 역할을 한다. 창의성은 뇌에서 기억하고 있는 기존 지식이나 경험들을 새롭게 연결하고 조합하여 판단을 내리기 때문이다. 즉 많이 기억할수록 창의성이 커질 확률도 높아진다.

사람의 뇌는 체중의 2%밖에 안 되나, 전체 에너지의 20% 이상을 사용할 정도로 많은 역할을 담당하고 있다.

---

8 코넬대학의 심리학자 앨리스 아이센(Isen, Daubman & Nowicki, 1987) 교수는 수많은 연구를 통해 긍정적 정서가 창의성을 현저하게 향상시킨다는 사실을 입증했다.

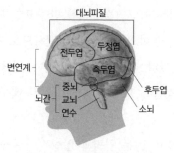

[그림 2-3] 사람의 뇌 구조

1) 뇌간: 뇌 아래쪽에 있으며, 체온조절과 같은 생존과 관련된 기능을 담당한다.
2) 변연계[9]: 해마, 편도체, 시상하부, 기저핵 등으로 구성되며, 뇌간 위쪽에 있다. 감정, 성욕, 식욕 등을 담당하며, 단기기억을 장기기억으로 전환시키는 역할을 한다.
3) 대 뇌피질: 좌뇌-우뇌로 구성되어 있고 뇌의 80%를 차지하며 바깥쪽에 위치한다. 언어, 사고, 분석을 담당하고, 전두엽은 감각, 감정, 기억을 종합 판단하는 기능을 담당한다.

　뇌는 뇌간, 변연계, 대뇌피질(좌뇌-우뇌로 구성)로 구성되어 있는데[10], 특히 대내피질은 창의적인 사고를 하는 부분으로서,

---

9　변연계는 감정 전반을 조절하는 '편도', 기억의 임시 저장창고인 '해마', 감정변화에 따라 행동이나 내분비계를 변화시키는 '시상하부', 운동을 제어하는 '기저핵', 희로애락의 감정을 담당하는 '안와전두피질' 등으로 구성되어 있다.
10　뇌 과학자 박문호 박사(ETRI 연구원) 저서 『뇌 과학의 출현』(2008 참조)

대뇌피질에 분산되어 있는 신경망들이 활성화되면서(알파파) 기억이 이루어지고, 아주 잠깐 기억하는 '감각성 기억', 단기성의 '1기억', 장기성의 '2기억', 오래되더라도 기억하는 '3기억'의 4단계로 기억을 하게 된다.

:: 뇌에 입력되는 정보가 많으면 기억력이 좋아진다

사람의 세포는 약 50조 개이며, 뉴런은 수천억 개로 수백조 개의 시냅스를 연결한다. 우리의 기억은 기억장소인 해마에 저장한다.[11] 기억의 강도는 뇌 신경망의 연결 정도에 따라 달라지기 때문에 뇌를 많이 사용할수록 기억력이 증가한다.

또한 입력정보가 많을수록 오래 기억한다. 1개보다는 10개를 기억하는 것이 바람직하고, 한번 기억하는 것보다 반복적으로 기억하는 것이 뇌 속에 오래 저장한다. 뇌 속에 들어오는 입력 정보가 많을수록 신경망간의 연결고리가 많이 생기고, 분류하는 패턴 습관이 생겨 오래 기억하게 된다. 반면 입력정보가 많더라도 기억할 내용이 없다면 분류할 것이 없어 기억하지 않는다.

---

11 해마의 신경세포는 70세가 넘는 사람들에게도 늘어난다. 따라서 운동과 기억훈련을 하면 나이가 들어도 기억력이 감소하지 않을 수 있다. 해마의 신경세포 수명은 수개월 정도로, 몇 개월만 지나면 해마세포가 바뀌게 된다. 해마의 신경이 늘어나면 똑똑해진다는 연구결과가 있다.

그러므로 가능한 많은 입력을 뇌 속에 넣는 것이 필요하며, 많은 것을 습득하고 감상해야 한다. 입력정보를 많이 집어넣는 좋은 방법이 바로 독서이다. 책을 많이 읽으면 분류할 고급정보가 많이 생겨 신경망들 간의 연결고리가 활발해지며, 이에 따라 기억량이 늘어나고, 기억량이 많을수록 오래 기억할 수 있다. 많은 기억들을 새롭게 연결하고 조합하기 위해 충분한 생각을 하게 되면 새로운 아이디어가 생성될 수 있는 것이다.

:: 양질의 내용을 암기하면 기억력이 증가한다

사람은 암기를 많이 하면 할수록 기억력이 증가된다. 창의성은 기존에 누적된 기억들의 연결 및 상호작용을 통해 새로운 생각을 만들어내는 것이기 때문에 과거 기억들을 많이 갖고 있어야 서로 연결 및 조합하여 새로운 것을 만들 수 있다. 유명한 요리사도 요리의 재료가 많으면 다양하고 새로운 요리를 할 수 있는 것과 마찬가지다.

새로운 것을 만들기 위해 섞을 양질의 재료가 필요한데, 암기를 통해 기본 재료를 많이 만들어 놓는다. 그리고 나서 새로운 관점으로 연결하여 조합하여 새로운 것을 만들어낸다.

3 : 지능이 높다고 창의성이 높은 것은 아니다

:: 창의성과 지능은 다르다

창의성이란 새롭게 사고하거나 새로운 아이디어를 생성하는 능력이다. 반면 지능은 인간의 지적능력을 나타내는 것으로, 문제에 대해 합리적으로 사고하고 해결하는 인지능력과 학습능력을 포함하는 총체적 능력을 말한다. 그러므로 창의성은 다양한 아이디어를 많이 만들어내는 확산적 사고를[12] 하게 되고, 지능은 다양한 많은 대안들 중에 논리적 판단을 통하여 결정하는 수렴적 사고가 나타나게 된다.

일반적으로 창의성은 30세 이후까지도 발달한다. 나이가

---

12 확산적 사고는 주어진 자료로부터 논리적 대안을 말하는 것으로, 다양하고 양이 풍부한 것을 강조한다. 수렴적 사고는 주어진 자료로부터 논리적 결론을 말하는 것으로, 기준에 따른 선정과 평가를 통해 해답을 얻는 것을 강조한다.

들면 창의성이 완만하게 떨어지지만, 70세가 넘으면 오히려 증가하기도 한다. 그러나 지능은 20세쯤에서 가장 높고 그 이후에는 급격히 떨어지게 된다.

	창의성	지능
정의	새롭게 사고하거나 새로운 아이디어를 생성하는 능력	인간의 지적 능력을 나타내는 것 인지능력과 학습능력을 포함하는 총체적 능력
사고 방식	확산적 사고	수렴적 사고
발달 나이	30세 이후까지 발달, 그 이후 완만하게 하락 70세에서 증가하기도 함	20세쯤에서 최고, 그 이후 급격히 하락 – 민첩성, 계산력은 나이가 들수록 하락 – 합리적 판단, 논리적 결정 지속 향상

노벨 화학상, 평화상을 받은 미국의 물리학자 라이너스 폴링은 70대 보다도 90대에 2배 많은 논문을 발표했으며, 이탈리아의 작곡가 베르디는 80세에 오페라 '폴스타프'를 작곡했다.

16세기 화가, 조각가, 건축가 등으로 유명한 미켈란젤로는 89세에 프레스코 벽화 '론다니니 피에타'를 조각했으며, 벤저민 프랭클린은 80세에 다초점 안경을 발명했다. 뿐만 아니라 미국의 건축가 프랭크 로이드 라이트는 91세에 뉴욕의 구겐하임 박물관을 완공했다.

그들의 예술가적 감각과 창의력은 80세, 90세임에도 불구하고 오히려 뛰어난 작품을 만들어낸 것이다. 신속하고 정확하게 계산하는 능력이나 민첩성은 나이가 들수록(70세) 퇴화하나, 합리적 판단을 내리고 유사성을 발견하여 논리적 결정을 내리는 지능은 나이가 들수록 더 향상될 수 있다.

:: 지능이 높다고 반드시 창의성이 높은 것은 아니다

우리는 흔히 지능이 높으면 창의성이 높을 것으로 생각한다. 그런데 어린아이들은 어른보다 지능이 낮아도 창의력이 높다. 어린아이들이 가끔 생뚱맞게 하는 질문에서 깜짝 놀랄 때가 있지 않은가?

반면에 주변에서 보면, 공부를 많이 한 사람일수록(박사 등), 곧잘 융통성이 부족하고 고지식하여 덜 창의적인 것을 보곤한다. 지능(IQ)이 높고 공부를 잘한다고 반드시 창의성이 높은 것은 아니라는 것이다.

길포드(Guilford, 1987)는 지능이 높을수록 창의성이 발휘될 범위가 넓어진다고 했다. 지능이 어느 정도 창의성에 영향을 미치고 있다고 하지만, 창의적인 사람으로 유명한 발명가, 음악가, 화가들 중에서는 지능이 높지 않은 경우가 허다하다.

천재라고 일컬어지는 아인슈타인도 게으르고 고등학교 성적도 좋지 않았다. 이른바 발명왕이라 하는 에디슨은 심지어 학습지진아로 판정 받았으며, 『종의 기원』을 쓴 다윈도 다니던 의과대학에서 낙제를 받았다.

과학적 발명을 했던 사람들뿐 아니라 유명한 예술가들 중에도 지능이 낮은 사례는 얼마든지 있다. 프랑스의 입체파 화가인 피카소는 10세까지 글을 쓰거나 읽지 못했으며, 가장 재미있고 창의적인 애니메이션을 만든다는 월터 디즈니도 아이디어가 부족하다고 신문사의 편집장으로부터 해고를 당한 바 있다.

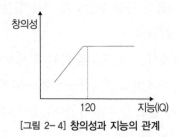

[그림 2- 4] 창의성과 지능의 관계

창의성 연구를 시작한 50여 년 동안, 학자들은 창의성과 지능이 관련은 있으나 항상 일치하는 것은 아니라는 결론에 도달했다. 지능(IQ)과 창의성의 관계에서 일정 수준의 지능까지는(IQ 120 정도) 지능이 높을수록 창의성도 높아지나, 그 이상의 지능에서는 창의성과 무관하다는 것을 확인한 것이다.

4 : 누구에게나
창의성은 있다

옛날에는 창의성을 마술처럼 신비롭고 정신장애가 있는 사람에게 존재한다고 생각했다. 그런데 요즘에는 오히려 창의성은 즐겁고 행복하며 부러움의 대상이 되고 있다.

개인이 생존하고 성장하는 데 창의성은 절대적으로 필요하다. 우리는 창의적인 사람을 부러워하고, 그들처럼 창의적이고 싶어 한다. 도대체 창의성이 뭐길래 살아가는 데 필수적이라 하며, 창의적인 사람을 그토록 부러워하는 걸까?

창의성은 그것을 정의하는 사람에 따라 다르게 해석되고,

관점에 따라 다양하게 표현되었다. 시대[13] 또는 사람들의 사고방식에 따라 창의성에 대한 해석은 많이 변해왔다.

그러나 아직까지도 사람들은 창의성에 대해 심각한 오해를 하고 있다. 창의성은 아인슈타인이나 모차르트, 다윈, 그리고 스티브 잡스와 같이 천재성을 갖고 있는 사람만이 갖고 있는 특수한 것이라고 생각한다.

창의력, 상상력이 특정인에게만 주어지는 재능인가? 그렇지 않다. 창의성은 인간의 기본 속성으로서 이미 누구나 보유하고 있는 능력이다. 단지 보유하고 있는 창의성을 활용하는 방법을 몰라 드러나지 않을 뿐이다. 창의성에 조금만 노력을 기울여도 우리는 누구나 창의성을 발휘하면서 살수 있다.

:: 창의성은 남과 다른 생각이다

지구상에 70억여 명의 사람이 살고 있으며, 이들 중 똑같은 삶을 살고 있는 사람은 단 한 명도 없다. 심지어는 쌍둥이들조차 각자 다른 삶을 살고 있다. 누구 하나 똑같지 않은 삶

---

13 18세기 이전에는 창의적인 사람은 천재적인 사람을 지칭하는 말이었으나, 18세기 말 영국인 윌리엄 더프가 창의성은 상상력(Imagination)과 판단력(Judgment), 기호(Taste) 능력이라고 생리심리학적으로 설명하면서 인간은 누구나 창의적일 수 있다고 해석되기 시작했다.

을 살고 있는 우리들은 각기 다른 생각과 경험을 하면서 살아가고 있다. 각자의 삶 속에서는 각자의 독특한 지식과 경험을 갖고 있다.

창의성이란 남과 다른 생각을 하는 것이다. 남과 다른 생각을 한다는 것은, 나만이 생각할 수 있는 고유한 생각을 하면 된다. 나만의 지식과 경험을 기반으로 한 나만의 생각이 창의성이다. 우리는 이미 어느 누구도 똑같지 않은 삶을 살고 있기에 창의적이라고 말할 수 있다.

이미 남과 다른 나만의 삶을 살고 있음에도 불구하고 우리는 창의적이지 않다고 생각하는 것이다. 남과 다른 생각이 무엇인지 모르고 있는 것이다. 나의 생각을 정리해본 적도 없고, 나의 생각을 정리하는 훈련도 되어 있지 않기 때문이다. 나만의 삶과 경험을 바탕으로 나만의 생각을 정리하지 못한 것이다.

:: 나만의 독특한 경험과 생각을 정리하여 표현하기만 하면
   창의성이다

우리는 "나"를 표현하는 것에 익숙하지 않아 매우 낯설어한다. 남들과 비교하면서 튀지 말라고, 정답대로 살라고 교육받은 것이다. 남들과 유사하게 생각하고 사는 것이 정답인 양 강요받아온 것이다. 개인의 특성과는 무관하게 좋은

대학, 좋은 학과를 가야하고 좋은 직장을 가는 것만이 최고의 인생이라고 생각하며 살아가고 있는 것이다. 조금이라도 남과 다르게 생각하고 행동하면 큰 위험이 따른다고 배웠으며, 어느 누구도 남과 다르게 사는 것이 좋은 삶이라고 알려주지 않았었다.

우리는 흔히 작가, 음악가, 무용가, 화가, 영화감독 등 예술가들을 창의적이라 생각한다. 자기의 독특한 경험이나 생각, 느낌을 그들의 방식대로 표현하고 살기 때문에 창의적일 수 있는 기회가 많다. 작가들은 글쓰기로 자기를 표현하고, 음악가들은 작곡이나 노래를 부르는 것으로 표현하며, 화가들은 그림으로 자신을 표현하고 살고 있다. 영화감독은 영화나 연극 뮤지컬 등으로 자신의 생각을 표현하기도 한다. 그들은 각자가 자신들의 방식대로 자기의 생각을 표현하고 살기 때문에 일반인들보다 더 창의적이다.

창의성은 특별한 재능이 아니라 누구나 창의적 속성을 갖고 태어났기 때문에, 자신의 경험과 생각을 잘 정리해서 남들과 다르게 표현하기만 한다면 누구나 창의적일 수 있다. 우리는 나만의 독특한 경험들과 생각들을 정리할 기회가 없었던 것이다. 나만의 독특한 경험과 생각을 정리해서 표현하기만 하면 남과 다른 생각이 되고 창의적인 사람이 되는데도 말이다.

새롭게 알게 된 지식이 있거나 남과 다르게 했던 경험들, 새로운 경험을 하면서 느낀 것들을 내 것으로 만들 시간이 필요하다. 기존 기억과 새롭게 얻은 경험들을 연결하고 조합하는 과정 속에서 새롭고 독특한 생각이 만들어진다.

질량과 에너지가 상호 교환된다고 주장한 상대성 이론의 아인슈타인이나, 아이폰이라는 혁신적 제품을 만든 스티브 잡스 등은 그들의 생각을 정리하여 정리된 생각을 과학적 발명품으로 만들어낸 것이다.

창의성은 생각하는 방식이나 생활방식까지도 변화시킨다. 현재의 생활이 만족스럽고 행복하면 과거에 행복했던 기억들만을 끄집어내게 되어 과거를 행복하게 기억할 가능성이 높다. 만약 현재가 괴롭고 힘들다면 과거에도 힘들었던 나를 생각하기 때문에 힘들었다고 기억하게 되는 것이다. 우리의 뇌는 창의적 능력을 갖고 태어났다. 지속적으로 뇌를 자극할 수만 있다면 더욱 창의적 생각을 하게 된다. 그 동안 경험해 보지 않았던 것을 새롭게 시도하는 것은 뇌에 신선한 자극을 가하는 것이므로 창의적 생각을 도와준다. 기존 기억된 생각이나 생활방식을 바탕으로 새로운 경험들을 연결하고 조합하면 창의적 생각을 할 수 있다.

5 : 창의성은 훈련과
연습을 통해 개발될 수 있다

창의성은 문제해결을 위해 집중적이고 지속적으로 생각하는 경우, 새로운 아이디어를 만들고 발전시켜 위대한 창의적 결과를 얻을 수 있다. 창의성은 누구나 선천적으로 가지고 태어남에도 불구하고, 후천적으로 창의성을 개발하고 향상하는데 소홀하기 때문에 사람에 따라 창의성이 다르게 발휘된다. 창의적으로 사고하는 훈련과 연습을 통해 더 많은 아이디어를 발굴하는 것이 가능하다.

:: 창의적 사고를 위해서는 훈련이 필요하다

창의적 사고기법의 대가인 드 보노(Edward de Bono)는 창의력 사전에서, "창의성은 일부 천재나 반항자들의 전유물이 아닐뿐더러 지능이나 타고난 재능으로 결정되지 않는다. 창의적 사고기법과 도구를 사용하고, 적절히 훈련함으로써 창의력을 향상시킬 수 있다"고 하였다.

2004년 미국에서는 전 세계를 대상으로 70여건의 창의력 훈련 프로젝트가 진행되었는데, 연구결과 확산적 사고(Divergent Thinking)와 문제해결력 및 성과가 증가했다고 한다. 2013년 덴마크에서도 창의적 사고훈련 효과에 대한 연구가 진행되었는데, 창의적 사고기법을 통해 훈련했을 때 아이디어를 많이 창출하는 확산적 사고가 향상되었다고 한다.

스탠포드 대학의 티나 실리그 교수도 창의적 사고를 위해서 훈련이 중요하다는 것을 강조했다. 창의성은 기본적으로 우리에게 내재된 능력이므로 구체적인 도구를 사용하기만 하면 누구나 훈련을 통해서 창의력이 나올 수 있다고 하였다.

우리가 좀 더 창조적인 인간이 되려면 창의력 도구를 매일같이 훈련하고 연습하는 것이 필요하며, 혼자 연습하는 것보다는 다른 사람들과 함께 대화하고 토론하며 발전시켜야 한다고 강조했다. 또한 그녀의 저서 『인지니어스』에서 창의력 향상을 위해서는 지식, 상상력, 태도, 자원, 환경, 문화가 필요한 도구들이라고 말하고 있다.

[지식] 새로운 지식을 얻으려 노력하고
[상상력] 그 지식을 토대로 상상한다.

[태도] 그렇게 나온 상상력이 실현 가능할 것이라는 태도를 가지며,
[자원] 상상력을 실현하기에 필요한 자원을 확보하고,
[환경] 상상력을 현실화하기 위한 환경을 조성하며,
[문화] 문화 속에서 연결시킨다.

:: 창의성의 근원은 부단한 노력이다

창의적인 사람이 따로 있는 것이 아니다. 누구든지 열린 생각을 갖고 좀 더 유연하게 생각하며 도전하고 꾸준히 노력한다면 창의적인 결과물을 만들어낼 수 있다. 창의적 결과물은 부단히 노력한 결과이기 때문이다.

그렇다면 창의성은 언제 어디로부터 오는 것일까? 현대 과학자들조차 창의성이 언제 어디로부터 오는지 모른다고 한다. 창의적 생각은 일반적 사고와는 완전히 구분되는 복잡한 과정을 거치기 때문에 단순하게 정의하기 힘들다고 한다. 실제로 창의성은 다양하게 인식하는 과정과 기억 및 감정을 포함하고 있지만, 뇌에서 어떻게 구체적으로 작용하는지 완전히 알려져 있지 않다.

우리는 창의성이 진짜 필요한 순간에 아이디어가 '반짝!' 하고 떠오르기를 바라지만, 그 순간에 생각나지 않을 수도 있다. 하지만 새로운 아이디어라는 것이 갑자기 떠오를 수도 있고, 때론 지속적이고 끈질긴 생각 끝에 나오기도 하기

때문에 언제 창의성이 발휘될지 모른다.

19세기 프랑스 생리학자 베르나르와 크렙스는 뉴턴의 업적을 분석했다. 뉴턴의 만유인력 법칙은 19세기 이후 과학기초를 지배하는 이론으로서, 사과가 떨어지는 것을 보고 중력을 발견했다고 알고 있으나 우리가 알지 못하는 그의 부단한 노력이 있었음을 짐작할 수 있다. 사과 떨어지는 것을 본 이후로도 1660년, 1679~80년, 1684~86년까지 26년 동안 중력에 대해 집중적 연구를 했다는 것이다.

찰스 다윈[14]의 경우에도 어느 한 순간의 아이디어 결과물이 아니라 평생에 걸쳐 동물의 진화과정을 연구했다. 1832년 비글호를 타고 갈라파고스를 탐험하던 중, 고립되어 있는 섬에 여러 종류의 동물들이 있음을 인지했으며, 그 이후로도 약 20여 년간을 지속적으로 연구했다. 그가 처음 갈라파고스를 탐험한 이후 27년이 지난 1859년에서야 『종의 기원』이 나왔으며, 그 이후로도 죽을 때까지 동물의 진화이론 연구에 끊임없이 몰두했다고 한다.

창의성 근원이 어디인가를 알기 위해 와이스 버그는 발명가들을 분석했는데 그가 분석한 결과를 보면, 에디슨은 전

---

14 찰스 다윈은 갈라파고스를 탐험한 이후 평생을 동물의 진화에 대해 연구하여 '진화론'이란 엄청난 업적을 남겼다.

구를 발명하기까지 무려 2,000번의 실험을 했으며, 피카소의 작품인 게르니카 그림도 50번 이상의 스케치를 통해 완성되었다고 한다. 우리에게 잘 알려진 천재적인 발명가들조차 수십 번 수백 번의 반복과 노력 끝에 위대한 업적을 남긴 것이다.

그 시대의 획기적인 발명품이나 현재는 우리가 편리하게 사용하고 있는 모든 문명의 이기들, 그 어떤 것이든 부단한 노력 없이 이루어진 것은 없다. 매일같이 마주하는 자동차, 기차와 같은 교통수단, 세탁기, 에어컨, 냉장고 등의 생활기기 모두, 누군가의 끊임없는 연구와 노력 끝에 만들어진 창의적 결과물들이다.

6 : 창의성은 창의적인 환경과 문화가 만든다

창의성의 대가로 불리는 미하이 칙센트미하이 교수[15]는 창의성이 발휘되기 위한 조건으로, 창의적 아이디어를 만들어내는 개인이 있어야 하고, 생성된 수많은 아이디어들 중에 창의적인 아이디어라고 선택할 수 있는 평가자(새로운 영역에서 기존과는 다르게 접근하는 평가자)가 있어야 하며, 그 시대가 창의적인 문화와 환경일 경우에 창의적 결과물이 생성될 수 있다고 한다.

---

15 창의성은 상징영역에 새로움을 가져오는 사람(개인), 그러한 새로움을 인정하고 확인하는 전문가들로 이루어진 현장(평가자), 상징적인 규칙들을 포함하는 문화(영역: Field)의 상호작용에 의해 발휘된다고 한다.

:: 창의성은 창의적 성향을 가진 개인, 창의성을 인정해 주는 평가자가 있어야 발휘된다

창의적 성향을 지닌 개인이 있다면 창의적 결과물이 만들어지는가? 창의적 개인만으론 부족하다. 창의적 개인이 새로운 아이디어를 생성했다 하더라도, 누군가 그 아이디어가 창의적이라고 인정하고 판단하며 결정해주는 사람이 필요한 것이다. 창의적이라고 판단해 주는 평가자에 따라 새로운 아이디어가 창의적 결과물이 되기도 하고 아닐 수도 있기 때문에 창의성을 인정해 주는 평가자가 반드시 필요하다.

15세기 이탈리아 르네상스 시대의 화가 보티첼리가 그린 '비너스의 탄생'은 그가 죽은 이후 후대에서야 인정받을 수 있었다. 훌륭한 작품이라고 인정해 주는 평가자가 그 당시에는 없었던 것이다. 또한 오스트리아 출신의 식물학자이며 성직자인 멘델은 1856년부터 수도원에서 7년간 29,000포기의 완두콩을 심으며 연구하였으나, 50여 년이 지난 1900년에서야 코렌스, 드 브리스, 체르마크라는 평가자가 있었기에 '멘델의 유전법칙'을 인정받을 수 있었다.

개인이 창의적인 아이디어를 생성하고 창의성을 인정해 줄 평가자가 있더라도 그 사회와 문화가 그 아이디어를 인정해주어야 창의적 결과물이라 할 수 있다. 이와 같이 모든 조건이 맞아야만 창의적 결과물이라고 인정받을 수 있다.

창의적 결과물이 나오기 위해서는 그 사회나 문화적 인프라가 창의적으로 조성되어 있어야 한다. 한 사회의 문화 우수성은 그 사회의 창의성 수준과 관련이 있다. 우수한 문화가 없으면 창의적 결과물도 우수하지 않다. 아무리 개인적으로 뛰어났던 에디슨이나 아인슈타인이라도 그 이전의 누적된 지식과 사회적 역사적 배경이 없었다면 천재적 발명은 어려웠을 것이다.

칙센트 미하이는 헝가리 태생으로서, 헝가리인들은 창의적이고 재미있는 교육을 중시했다고 한다. 1880~1920년대까지 40여 년 동안 노벨상 수상자 7명이나 나왔고, 2명의 울프상 수상자가 나오는 등 이 시기에 집중적으로 천재들이 배출되어 '헝가리 현상'으로 불린다. 그러나 2차 세계대전과 50년의 소련 지배로 헝가리 교육은 획일화되었으며 더 이상 집중적으로 유명한 천재들이 나오기 힘들었다.

또한 핵분열 연쇄 반응을 발견해 핵 에너지 이용을 가능하게 했던 실라르드, 홀로그래피를 발명한 물리학자 가보르, 양자역학, 집합론, 위상수학 등을 정립한 수학자 폰 노이만, 노벨 물리학자인 유진 위그너 등의 천재들이 같은 학교를 다녔으며 같은 시대에 집중되어 있다.

이외에도, 역사적으로 어느 시기에 한 지역에서 창의적

천재가 집중적으로 나타나는 현상은 세계 곳곳에서 볼 수 있다. 기원전 5세기 페리클래스 시대의 아테네는 유명한 철학자 소크라테스와 플라톤이 있었으며, 15세기 르네상스 시대의 피렌체에서는 미켈란젤로, 다빈치, 라파엘로 등의 천재가 있었다.

19세기 프랑스에서는 헤밍웨이, 피카소, 스탕달, 발자크, 빅토르 위고 등의 천재들은 같은 나라 동시대 사람들이었으며, 영국 임페리얼 칼리지는 14명의 노벨상 수상자를 배출하기도 했다.

칙센트미하이는 천재들이 어느 한 시대에 집중적으로 태어났다거나, 어느 한 도시에 집중되어 나타나는 현상에는 분명 특정 문화나 환경적 조건이 있기 때문이라고 하였다. 특히, 그런 도시들의 공통점을 보면 서로 다른 전통의 정보가 교류하고 통합되는 문화의 교차로였다는 것이다. 서로 다른 사람들과의 소통을 통해 상호교류가 활발히 이뤄질 수 있을 때 창의가 나오기 때문이라는 것이다.

:: 창의적 환경은 매우 중요하다

언제 어디서 어느 누가 창의적 아이디어를 낼지 아무도 알 수 없기 때문에, 창의적 잠재력을 발휘할 수 있도록 창의적 환경을 조성하는 것은 중요하다.

창의적 환경이란 다양한 역사적 배경을 갖고, 다양한 문화를 갖고 있는 사람들이 모여 다양한 생각을 할 수 있는 환경을 말한다. 자신의 의견이나 생각을 자유롭게 말하고 활동할 수 있는 환경이 좋은 환경이다.

창의성은 다양한 사람들이 모여 다양한 의견을 낼 수 있는 환경에서 나타난다. 고대 4대 문명[16]이 태동한 지리적 위치를 보면 더욱 명확해진다. 현재 각국의 주요도시가 발전한 위치만 봐도 알 수 있다. 문명의 발전은 모두 강을 끼고 있어서 비옥했고, 교통이 편리하여 다양한 사람들이 모일 수 있는 곳이었다.

내가 속해 있는 집단의 문화가 어떠한지도 창의성 발휘에 중요하다. 전통적으로 한국 사회는 서양에 비해 보수적이며 예절을 강조하고, 공동체 의식과 비평등의 비창의적 특성을 가진다. 특히 한국 문화는 집단주의가 강하고, 우리는 자기의 의견보다는 상대방과의 관계가 중요하며, 개인의 의사표현을 직접적으로 하지 않고, 사람들 간의 관계를 중요시하기 때문에 갈등상황이 되면, 가능한 타협하여 해결하고자 하는 특징을 가진다. 상대적으로 미국이나 서양은 개인주의가 발달하여 자율성을 중요시 여기고, 나와 상대방은 다르

---

16 이집트문명, 메소포타미아문명, 인더스문명, 황하문명.

다는 점을 강조하며 자신의 의사를 직접적으로 표현하고, 갈등상황에서는 문제에 집중하여 해결하는 문화적 특성을 가진다.

동서양 문화의 차이에 의해 의사표현이나 사람들 간의 갈등 상황에서 문제해결 방법이 달라지고, 이러한 차이는 개인의 사고와 행동에 차이를 만들어 사회적으로나 기술 발전의 차이를 만들게 된다.

문화는 신념이나 믿음, 역사 및 전통으로서 국가나 시대적 배경 특성에 의해 영향을 받기 때문에, 바꾸기 어렵고 쉽게 변화되지도 않는다. 반면 개인이 경험하게 되는 행위나 태도, 감정 등은 언제든 바꾸고 싶다면 다른 환경으로 바꿀 수 있으므로 창의적인 분위기를 조성해 주는 것이 중요하다.

따라서 창의적 환경으로 조성해 줄 수만 있다면 창의적 생각기법을 익히는 것보다 더 효과적일 수 있다. 도전의식이 생기도록 외부환경을 조금 더 어렵고 자극적인 환경으로 만들어준다면 더욱 창의적일 수 있다.

CREATIVITY

PART 3

창의성 대가들은
공통된 특징이 있다

창의적인 사람들의 성격을
한마디로 표현하면 복합성이다.
– 미하이 칙센트미하이 –

창의성은 사람의 관점에 따라 다르게 이해되고 해석되므로 창의성이란 단어를 한마디로 정의하기 어렵다. 마찬가지로 창의적인 사람들의 특징을 한마디로 설명하기는 너무 어렵다. 한 사람이 가지고 있는 성격이나 행동, 사회적 영향 등을 모두 합쳐 설명한다 해도 부족할 정도로 무척이나 복잡하고 다양하다.

오랫동안 창의성 연구를 해온 뉴욕대학교의 심리학박사 스캇 배리 커푸만에 의하면, "창의적 자아는 그렇지 않은 자아보다 훨씬 복잡하기 때문에 창의적인 사람은 자신의 실제 모습을 알기 어렵다"고 하였다.

창의적인 사람은 그 자체로서 복잡하고, 매우 다양한 모습으로 나타나기 때문에 어느 하나로 단순하게 표현하기 어렵다. 그럼에도 불구하고 역사적 천재로 알려져 있는 사람들에게서 공통적 특징을 찾아볼 수는 있을 것이다.

1 : 호기심이 많고
변화를 좋아한다

:: 호기심이 많다

창의적인 사람들은 호기심이 많아서 주변 사람이나 자연현상에 관심이 많다. 지구는 평평한데 왜 멀리가도 떨어지지 않을까, 동그란 달걀을 세울 수 있는 방법이 없을까? 하늘의 색깔은 왜 파란색이며 벼락은 왜 칠까 등 당연한 자연현상에도 왜 그래야 하는지 끊임없이 궁금해 한다. 그들은 자연현상에 대한 호기심뿐만 아니라 지적 호기심도 높아 무엇이든 알고 싶어 한다.

호기심 연구를 해 온 머크 그룹[17]에 의하면, 호기심은 사물이나 현상을 인식하고, 평상시 탐구하기 위해 자신의 경험에서 벗어나 찾아나서는 것을 선호한다. 이러한 호기심은 궁금한 것에 대해 질문하고 스스로 그 질문에 대한 답을 만든다. 호기심은 다양한 경험과 여러 가지 시각으로 나와는 다른 생각을 선호하고 방안을 만들어 내어 창의적 결과물로 발전시킬 수 있게 한다.

칙센트미하이에 의하면, 유명한 과학자들에게서 나타나는 특징 중에는 특히 호기심과 열정이 많고 나이를 먹더라도 호기심이 지속된다고 한다. 이런 호기심은 무수히 많은 상상을 하게 만들고 질문하게 만들며, 이렇게 상상한 것들을 서로 연결하면서 자연을 탐구하게 하고 세상의 이치를 파악할 수 있게 하는 원동력을 만들어 준다.

어린 아이들은 세상 모든 것들이 궁금하여 "이것은 무엇일까? 저것은 왜 그렇지?"라고 끊임없이 물어본다. 우리는 그러한 질문에 쉽게 대답하지 못해 절절 매는 경우를 자주

---

17 머크 그룹은 2015년 호기심 전문가들과 함께 호기심을 정의하고 미국직원 대상으로 설문조사를 실시한 결과, 4단계로 구분함(https://curiosity.merck.kr/summary#001) (1)탐구심(질문을 던지고 아이디어를 탐색하기), (2)창의적인 문제 해결(새로운 해결책을 시도하려는 의지), (3)나와 다른 생각에 대한 개방성(다양한 경험과 시각을 선호하는 성향), (4)고통 감내(생소함을 우려가 아닌 용기로 대처하는 능력)으로 구분.

경험했을 것이다.

세상에 대한 호기심으로부터 궁금증이 생겨 해결책을 찾는 과정에서 새로운 것들을 발견해 내게 되는데, 나이가 들면 세상을 이미 이해하고 있다고 생각하고, 기존에 알고 있던 지식이나 패턴만을 찾게 되어 호기심을 잃는 것이다.

1943년 에드윈 랜드는 딸의 모습을 카메라로 찍은 후 사진을 빨리 보고 싶었다. 그때까지만 해도 카메라로 찍으면 한참을 기다렸다가 인화를 해서 사진을 받아봐야 하는 시간이 필요했던 것인데, 딸의 사진을 하루빨리 보고 싶었던 랜드는 사진을 빨리 볼 수 있는 방법이 없을까를 고민하기 시작했다. 이러한 호기심으로부터 폴라로이드 랜드 카메라가 나온 것이며, 휴대폰에서 쉽게 사진을 보는 지금까지도 사라지지 않고 우리에게 남아있는 훌륭한 발명품이 된 것이다.

우리 주변에서 메모 용지로 흔히 볼 수 있는 포스트 잇(Post-It)의 발명도 처음에는 아서 프라이의 단순한 호기심으로 시작했다고 한다. 교회 성가대원들은 불러야 할 찬송가 부분을 표시하기 위해 작은 종이조각을 끼워 넣었다. 그런데 찬송가에 끼워 넣은 종이조각이 노래를 부르는 중에 자꾸 흘러내린 것이다. 어느 누구도 불편함만을 생각했지, 아서 프라이처럼 호기심을 갖지는 않았던 것이다.

:: 새로운 변화를 좋아한다

창의적인 사람들은 일반적으로 지루한 일상을 못 견뎌한다. 그러므로 그들은 매일 똑같이 반복되는 일상에서도 변화를 시도하려고 한다. 그들은 날마다 새롭게 변화하고 경험하는 것을 좋아하며, 자신의 감정에 솔직하여 새롭고 다양한 경험을 즐긴다.

정신분석학자 프로이트에 의하면, 호기심은 어린 시절 억압된 기억에서 비롯되는데, 억압되고 금지된 호기심을 허용된 호기심으로 대체 발전시킨다고 한다. 그래서 창의적인 사람들은 생활에서의 불편함을 불만으로 그치지 않고, 다르게 해결하고자 하는 의지가 있다고 한다.

고층 건물에서 몇 대 안 되는 엘리베이터를 타려면 오랜 시간이 걸린다. 오래 기다리는 엘리베이터가 불만이었다. 엘리베이터를 빠르게 움직일 방법을 찾기 시작했으나 해결책이 없었다. 엘리베이터의 빠른 작동을 위해서는 기계적 변화 및 재설치 등 수리비용이 많이 들고, 갑자기 사람들이 증가한다면 미봉책이 될 수밖에 없었다.

엘리베이터를 빠르게 작동하여 사람들의 불만을 줄이기보다는, 불만을 없애기 위한 방법을 강구하는 쪽으로 관점을 변경했다. 엘리베이터의 빠른 작동이 목표가 아니라 불만을 줄이는 것으로 목표를 변경하였더니 다양한 대안들이 나온다. 불만의 원인부터 파악한 것이다. 불만의 원인이 느린 엘리베이터가 아니라 오랜 기다림이었으므로, 엘리베이터를 기다리는 동안 지겹지 않도록 엘리베이터 밖에 거울을 설치함으로써 엘리베이터를 기다리는 동안 거울을 보면서 기다림의 불만을 해결한 것이다.

2 : 상상을 잘하고 실현하고자 노력한다

:: 몽상이나 상상을 잘하는 사람이다.

상상력이 높으면 창의력이 높고 창의력이 높으면 상상력도 높다. 다시 말해 상상하는 정도가 풍부할수록 창의적 결과물을 생성할 가능성이 높고, 창의적 아이디어가 많은 사람일수록 상상력도 높은 것을 알 수 있다.

몽상이나 상상과 같이 딴 생각을 하고 있을 때, 갑자기 아이디어가 떠오르는 것은 우리 뇌가 새로운 생각으로 연결되기 때문이다. 즉, 우리 뇌는 기존 기억과 새로운 경험들의 연결 및 조합에 의해 창의적 결과물을 만들어내는데, 몽상이나 상상도 기존 정보를 기억해내는 우리 뇌의 기능과 관련이 있다. 신경학자들은(2012년) 몽상이 상상력, 창의성과 동일한 두뇌활동 과정을 거친다는 것을 발견한 것이다.

시인이자 저널리스트였던 비어렉은 아인슈타인이 상대성 이론을 발표했을 때(1915년), 어떻게 그런 이론이 나왔는지 물었다. 그는 "상상력은 지식보다 중요한 것이다(Imagination is more important than knowledge)"라고 상상력의 중요성을 강조했다고 한다.

몽상이나 상상은 현재 상태를 벗어나 미래를 상상할 수 있게 하고, 다른 사람이 무슨 생각을 하는지도 상상해 볼 수 있다. 어떠한 제약 없이 마음껏 상상해 볼 수 있다. 상상은 한정된 생각에서 벗어나 다르게 생각하는 법을 알려주기 때문에 창의성을 키워준다고 말했다.

지식은 현재 알고 있는 것에만 국한되나, 상상력은 아직 일어나지 않은 미래의 모든 것을 포함하고 있으므로 지식의 한계를 넘을 수 있다. 상상은 현재의 지식보다 더 넓은 범위인 미래를 상상할 수 있게 한다.

6.25전쟁에 참전했다가 전사한 연합군을 추모하기 위해 1951년 부산에 세계유일의 UN묘지를 조성했다. 1952년 12월 차기 미국대통령 당선자인 아이젠하워를 비롯한 UN 사절단이 참배하기로 했는데 묘지를 조성한지 얼마 안 되었고 겨울이라 황량한 상태였다. 미8군 사령부에서는 "푸른 잔디"를 한국에 요청했으나 어느 누구 하나 해결할 수 있는 사람이 없었다.

그런데 당시 현대건설을 설립했던 정주영 회장은 낙동강 강변에 자라고 있던 푸른 보리밭을 보고 트럭 30대를 동원하여 UN묘지에 심었으며, 푸르게 변한 묘지에 UN사절단은 참배하고 돌아갔다. 황량했던 묘지를 순식간에 푸르게 만들어 공사비도 3배를 받았으며 현대건설의 실력을 인정받았다.

정주영 회장은 문제의 본질을 제대로 파악하고 있었다. 당시 미국 사령부에서 요구한 것은 "잔디"가 아니라 "푸르게 보이는 것"이었다. 푸르게 변한 묘지의 모습을 상상하던 정주영 회장은 강변에 자라고 있던 보리밭을 생각해 낼 수 있었던 것이다. 이런 엉뚱한 상상에 의해 창의성이 발현되는 것이다. 창의적인 사람들은 마치 그 상상이 이뤄진 것처럼 이미지화하여 상상하는 사람들이다. 이뤄진 모습을 상상하고 상상이 현실이 될 것이라고 굳게 믿는 사람들이다.

:: 상상한 것을 현실화하려고 노력한다

상상력의 대가들을 보면, 상상하는 내용이 매우 새롭고 독창적이다. 새롭고 독창적인 것에 그치지 않고 상상을 현실화하려고 노력한다. 현실화되지 않은 상상은 몽상일 뿐이라는 것을 잘 알기 때문이다. 칸트에 의하면, 상상력이 높은 천재들은 보이는 것뿐만 아니라 보이지 않는 것을 상상할 줄 알고, 심지어는 존재하지 않는 것을 이미지화하여 예술로 표현할 수 있다고 했다.

1960년 미국 맥스웰 몰츠는 성공의 법칙을 주장했다. 『사이코-사이버네틱스』[18]에 의하면, "인간의 뇌는 잠재의식 속에서 실제와 상상을 구분하지 못하기 때문에, 성공을 상상하면 성공하고 실패를 상상하면 실패한다"고 하였다. 잠재의식이 상상한 결과와 실제 결과를 구별하지 못하기 때문에 하나의 주장을 계속 주입하면, 실제로 그렇게 알고 행동한다. "나는 멋지다"고 상상하면 정말 멋지게 되고, "나는 못생겼다"고 하면 실제로도 못생겼다고 생각하며 반응하게 된다고 한다.

1960년대 중반 오하이오 주립대학의 수영선수 밥 호퍼는, 경기 전날이면 늘 마음속에서 팬들의 환호를 받는 것을 상상했다고 한다. 이런 상상이 그를 세계적인 수영 챔피언으로 만들었다고 회상한다. 이미 이뤄진 것처럼 상상하는 것은 일종의 마인드 컨트롤인데, 뇌에 이루고자 하는 목표를 주입하는 것이다. 목표가 주입되고 나면 뇌는 스스로 목표가 이뤄진 것처럼 노력을 이끌게 되는 것이다.

---

18 사이코-사이버네틱스(Psycho-Cybernetics)는 정신적인 자동유도장치라는 의미로, 성형외과 의사인 맥스웰 몰츠 박사가 만든 단어다. 어원은 그리스어로 키잡이를 뜻한다. 인간의 뇌는 미사일의 자동유도장치와 같아서, 자신이 목표를 정해 주면, 그 목표를 향해 자동으로 유도해 나간다는 개념이다(Wiki 백과).

2002년 우리나라에서 월드컵이 개최되었을 때에 "꿈은 이루어진다"는 말이 유행했었다. 그 때 우리의 축구실력은 형편없었지만 상대방 국가가 누가 되었든 모두가 한마음이 되어 이기는 상상을 했으며, 간절히 원했기 때문에 4강까지 갈수 있었던 것이다. 꿈같은 4강 신화를 이룬 것이다.

몇 년 전 베스트셀러로 유명했던 론다 번의『시크릿(The Secret)』에서도 유사한 주장을 하고 있다. TV프로듀서였던 론다 번은 성공한 사람들의 공통점을 연구했더니, 생각이 현실이 되는 "끌어당김의 법칙"이 적용된다는 것이다.

시크릿에서 말하는 끌어당김의 법칙이나 사이버네틱스와 같은 것들 모두 상상한 이미지나 목표를 그대로 뇌에 주입하고 목표가 이루어짐을 스스로 믿고 확신한다면 그대로 이뤄지는 것이다. 꿈이 현실이 되기 위해서는 그 목표를 이루기 위한 노력은 반드시 뒷받침되어야겠지만 말이다.

3 : 관찰하고 기록하는
습관이 있다

:: 본래 호기심이 많아 관찰을 잘한다

사람뿐 아니라 사물이나 사회 또는 자연현상에 대해 관찰하는 것을 좋아한다. 눈에 보이든 보이지 않는 것이든 어떤 것에도 가능성을 열어두기 때문에 어떤 사물이나 현상에서도 관심을 갖고 관찰하며, 모든 정보들을 지속적으로 습득한다.

영국의 세계적 패션 디자이너 폴 스미스(Paul Smith)[19]는 세계적 패션 디자이너. 독특한 컬러의 조합과 멀티 스트라이프의 패턴이 특징이며, 슈트의 바깥쪽은 클래식하고 안쪽

---

19 "창의력에도 먹이가 필요하다", 삼성 뉴스룸 기사(2015.3.6.)
　　http://terms.naver.com/entry.nhn?docId=3574816&cid=58794&categoryId=59126

은 화려한 색상으로 상반되게 배치함으로써 창의적으로 디자인하는 것으로 유명하다.

그의 창의적 디자인은 쉬지 않고 열심히 보고 관찰하는데서 나온다고 한다. 모든 것에서 영감을 얻을 수 있으며, 영감을 얻지 못했다면 사람은 제대로 보지 않았기 때문이다(you can find inspiration in everything, if you can't then you're not looking properly). 그대로 복사한다면 어제 날짜의 신문을 사는 것처럼 어리석은 일이라고 강조하면서, 다른 사람이 하는 것들도 자주 보고 영감을 얻으라고 한다.

그는 세상 어디에서든 어떤 사물에서든 영감을 받아 디자인한다고 한다. 인도를 여행하면서 벽화를 보거나 아름다운 색을 볼 때도 영감을 받으며 심지어는 사람과 대화하면서도 영감을 얻는다고 한다. 단, 다른 사람의 디자인이나 패션 잡지는 보지 않고 세상 모든 것을 관찰하고 상상하여 자신만의 생각으로 표현하고자 노력하는 것이다

아는 만큼 보인다는 말이 있다. 하지만 아는 만큼 보기 보다는 관찰하는 만큼 알게 되고 볼 수 있게 되는 것이라고 말하고 싶다. 대신 볼 때는 대충 쳐다보는 것이 아니라 집요하고 세밀하게 관찰해야 한다. 이런 과정에서 번뜩이는 아이디어를 얻기 때문이다. 존재하는 사물이나 현상을 관찰하기도 하고 유추하기도 한다. 다른 사람들이 생각하지 못했던

것들을 찾아 연결하고 조합함으로써 못 본 것을 보게 되는 능력을 갖게 되는 것이다.

석유를 분해해서 얻는 벤젠은 각종 화학제품의 합성원료로 사용된다. 이렇게 다양하게 사용되는 벤젠의 구조를 밝힌 사람이 케쿨레이다. 케쿨레는 벤젠의 고리형 구조를 발견한 독일의 화학자로서, 일반적으로 유기물들의 구조는 사슬결합구조인데 반해 벤젠은 구조가 다르다는 것을 알았다. 밤낮으로 벤젠의 구조를 풀고자 연구하던 중에 꿈에서 자신의 꼬리를 문 채 동그랗게 몸을 말고 있는 뱀을 봤다고 한다. 잠에서 깨자마자 꿈에서 본 뱀을 그렸으며 육각형 형태의 벤젠 구조를 발견하게 된 것이다. 평소 뱀의 형상을 주의 깊게 관찰하지 않았다면 결코 벤젠의 육각형 구조를 발견할 수 없었을 것이다.

또 세계가 인정하는 세계적인 화가 피카소가 집을 설계 후 건축가를 모집했는데, 유명 화가가 설계한 집을 건축한다고 하니 수많은 사람이 지원했다. 그러나 지원자 중에는 건축보다는 피카소가 설계했던 설계도가 나중에 더 큰 이익이 될 것을 예상하고 설계도를 사겠다는 사람이 나타난 것이다. 피카소의 건축물보다도 설계도가 미래에 더 큰 이익을 얻을 수 있을 것이라는 통찰력 또한 평상시 그 분야에 대한 관심이 없었다면 결코 생각하기 힘든 것이다.

이들은 모두 남들이 대충 넘어가는 것을 주의 깊게 관찰했으며, 관찰을 통해 새로운 통찰력을 얻음으로써 새로운 것을 발견해내고 새로운 이익을 창출할 수 있었던 것이다.

:: 기록이나 메모하는 습관이 있다

창의적인 사람들은 그 어떤 것에서도 가능성을 열어두고 관심을 가지며, 관찰하면서 들어오는 모든 정보들을 지속적으로 습득하고 기록하는 사람들이다.

칙센트미하이도 창의적인 사람이 되기 위해서는 매일같이 기록하는 습관을 가지라고 강조한다. 사람의 뇌는 암기하거나 반복하는 정도에 따라 기억장소에 저장되기 때문에 일시적인 암기이거나 잠시 스쳐 지나가는 내용을 모두 기억하지 못한다. 그러므로 기록을 습관화해야 한다.

기록을 잘하는 사람들 중에는 작가들이 있다. 이들은 대부분 기록을 잘하며 기록을 소중히 여기는 사람들이다. 조앤 디디온(Joan Didion) 작가는 매일같이 마주치는 사람과 사건을 관찰하고 꼼꼼히 기록하는 습관이 있었는데 이런 습관은 자신의 복잡하고 모순적인 생각을 잘 이해할 수 있게 되었다고 한다.

최근 TV에 나와 더욱 유명해진 김영하 작가도 늘 작은 수첩을 갖고 다닌다고 한다. 사람들과 대화하거나 TV와 같은

영상을 볼 때, 또는 좋은 글귀가 있을 때마다 기록하는 습관이 있는데, 이러한 기록(메모)은 나중에 귀중한 자료로 활용된다고 한다. 이들처럼 유명 작가들은 수시로 메모하고 자료를 수집하는 것을 습관처럼 하는 사람들이 많다.

20세기 초 인도의 천재 수학자 라마누잔(S. Ramanujan, 1889 ~ 1920)은 독학으로 공부하며 연구내용을 기록하는 습관이 있었다. 그가 죽을 때까지 기록한 노트는 1976년에야 발견되었는데, 37편의 논문을 발표했고 3편의 노트와 미발표 논문 등을 남겼다. 32세의 젊은 나이에 사망했음에도 기록된 노트가 있었기에 엄청난 연구결과를 파악할 수 있었던 것이다.

아인슈타인도 기록을 잘하는 사람이었다. 늘 기록하기 위해 머리맡에 펜과 노트를 두고 자는 습관이 있었는데, 어느 날 갑자기 떠오르는 생각을 잊지 않기 위해 이런 습관이 생겼다고 한다. 발명왕 에디슨도 3,400권의 노트를 남길 정도로 기록을 잘하는 사람이었는데 영감이 떠오를 때마다 꾸준히 적고 기다린 것이다.

4 : 도전하기를 좋아하고, 위험을 기꺼이 감수한다

버클리 대학의 바론(Frank Barron, 1969)과 맥키논(Donald Mackin-non, 1978)에 따르면, 창의성의 대가들은 어떤 일에든지 자신감이 있으며 자율적이고 독립적인 사람들이다. 이들은 복잡하거나 어려운 일에 도전하기를 즐기고, 때로는 이상주의적인 것 같으나, 목표달성이나 문제해결을 위해서는 인내할 줄도 아는 특징을 갖고 있다.

:: 자율적이고 독립적이다

미국의 사회심리학자 솔로몬 애시(Solomon Asch)는 창의적인 사람들의 특징에 대해 동조실험을 통해 증명했다(1955년). 창의적인 사람들은 강한 자아를 갖고 있어 독립적이고 자율성이 높으며 정신적으로 안정되어 있다는 것이다.

한 장의 카드에는 직선이 하나 그어져 있고, 다른 카드에는 3개의 직선이 그어져 있다. 두 번째 카드에 그어져 있는 3개의 직선 중, 하나는 첫 번째 카드에 그려진 직선의 길이와 같고(C), 나머지 2개(A, B)는 전혀 다른 길이로 그려져 있다. 첫 번째 카드의 직선과 같은 길이를 찾아내는 것이 과제이다.

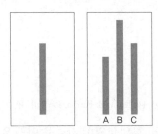

[그림 3- 1] 애쉬의 선분 실험에서 사용된 실험자극

가짜 실험자 여러 명의 틀린 답에도 불구하고 실제 실험대상자가 어떻게 답을 말하는지를 보는 실험이다. 가짜 실험자들 여러 명에게는 미리 의도적으로 틀린 답을 말하라고 알려주고, 실험대상자가 틀린 답에 동조하는지의 여부를 알아보는 실험이다.

창의적인 사람들은 대부분 틀린 답에 동조하지 않고 자기의 견해를 말한다. 덜 창의적인 사람들은 틀린 답이라고 의심은 하지만, 나만 튀게 대답하는 것을 싫어하고, 심지어는 내가 잘못 봤을지도 모를 것이라고 생각하여 다른 사람의 의견에 동조하는 모습을 보였다.

2005년 애틀랜타의 메모리대학교 뇌 과학자이자 신경경제학 교수인 그레고리 번스(Gregory Berns)는, 이런 현상이 벌어지는 이유에 대해, 정답을 알면서도 남을 의식해 왜곡된 지각을 믿게 된다는 것이다. 동조하지 않으려면 용기가 필요하기 때문이라는 것이다.

:: 기꺼이 위험을 감수한다(개방적이다)

창의적인 사람들은 기꺼이 위험을 감수하는 사람들이다. 칙센트미하이는 창의적인 사람들의 성격에서 가장 중요시 봐야할 것은, 개방적이고 모호함을 수용하려는 특성이라고 한다.

창의적인 사람들은 실패를 두려워하지 않는 사람들이다. 우리가 실패라 여기는 것들을 창의적인 사람들은 결과가 나올 때까지 실패로 받아들이지 않는다. 실패하더라도 곧 회복할 수 있다고 믿으며, 원하는 것을 얻을 수 있다는 확고한 신념으로 실패로 받아들이지 않는 것이다.

몸통에 꼬리가 달린 모습이 쥐를 연상시킨다고 해서 마우스(Mouse)라고 이름 붙은 마우스는 미국 스탠포드연구소(SRI)의 더글러스 엥겔바트(Douglas Engelbart)와 빌 잉글리시(Bill English)에 의해 만들어졌다. 마우스는 1963년 초기 모델이 나왔었으나, 키보드 입력이 불가능해 무시되었었다. 이런 무시에도 불구하고 엥겔바트는 연구를 계속하여 이제는 컴퓨터 작업에서 없어서는 안 될 역사적 발명품이 된 것이다.

전략혁신 유럽센터(European Centre for Strategic Innovation)의 창립자이자 CEO인 알레산드로 디 피오레(Alessandreo Di Fiore)는, 애플의 성공을 동료들이 있었기 때문이라고 했다. 애플을 훌륭한 회사로 만든 건 스티브 잡스의 천재성도 중요했으나, 아이디어를 제안하고 표현하는 데 있어서 두려움이나 위험을 기꺼이 감수하고자 하는 동료들이 있었기 때문이라는 것이다.

창의적인 일은 여러 위험 상황에 직면할 때가 많다. 유명한 예술작품이나 발명품을 만든 사람들의 일생을 보면 대부분 생계를 유지하기조차 힘든 스토리들이 많다. 힘들고 어려운 역경을 극복한 끝에 발명품들이 만들어진다는 것이 결코 우연이 아니다.

창의적인 사람들은 힘든 상황 속에서도 긍정적인 해결책을 찾아내기 위해 노력하며, 고통을 극복해내는 과정 속에서 잠재되어 있던 창의성이 표출되어 성장되기 때문이다. 새로운 것을 끊임없이 발견하고 창출하여 세상의 변화를 주도해 나가는 사람들이다.

조선시대 선조25년 1592년 4월14일 일본에 맞서 싸우던 이순신 장군은 선조임금에게 미움을 받아 몇 번씩 백의종군했어도 실망하지 않고 실패라 생각하지도 않았다. 일본의 300여 척 배 앞에서 12척밖에 없어도 결코 두려워하지 않았으며, 모두가 패배할 거라고 예견했던 명량 해전에서 거북선과 창의적인 전략으로 성공을 이끌었다. 절대 이길 수 없을 것만 같은 전투이기에 더욱 값진 것이다.

만약 그가 그 당시 지위도 높았고 일본보다 많은 배로 무찔렀다면 우리에게 영웅으로 추대 받지는 못했을 것이다. 이순신 장군은 위험을 기꺼이 받아들였으며 어렵고 힘든 상황 속에서도 도전하기를 멈추지 않은 사람이었기에 더 위대하고 훌륭한 장군으로 기억되는 것이다.

새롭게 도전한다는 것이 즐거운 것만은 아니다. 도전한다는 것은 위험을 감수한다는 것이기에 두렵다. 이러한 두려움은 창의력을 발휘하지 못하게 막는 요인으로 작용한다. 두려움을 감수하고 헤쳐 나갈 때 창의력이 발휘되는 것이다. 변화하는 미래 사회를 대비하려면 오히려 도전을 즐기는 사람이 되어야 한다.

5 : 전문지식이 있으며,
순수한 열정이 있다

　역사상 가장 대범한 모험을 한 사람들은 창의적인 사람들이었다. 창의적인 사람들은 자기의 분야에 전문 지식과 경험을 갖고 있는 사람들이다. 전문지식이나 광범위한 정보에 대한 습득과 주변 상황에 대한 집요한 관찰을 기반으로 창의적 사고를 하고, 관심분야에 대한 지식을 바탕으로 꾸준히 연구함으로써 창의적 결과물을 만들어 낸다. 창의적인 사람들은 이렇게 습득된 기존 지식을 바탕으로 해결해야 할 문제와의 관련성을 파악하여 해결책을 찾아낸다.

:: 전문 지식과 경험을 바탕으로 끊임없이 노력한다
　관심 분야에 대한 전문 지식과 경험이 없다면 새로운 생각조차 할 수 없다. 기존 지식과 경험을 바탕으로 문제를 마주할 때 새로운 생각도 할 수 있다. 1만 시간의 법칙이란 것이 있다. 어느 한 분야의 전문가가 되기 위해서는 적어도 1만 시간이 필요하다고 한다. 1만 시간은 하루 3시간씩 투자할 경우 9.1년이란 시간이 걸리고, 하루 8시간씩 집중해서 익힌다면 3.4년이 걸리는 긴 시간이다. 전문지식이나 경험이 없을 경우에 문제 해결이 어려운 것은 당연하다.

개인 문제를 해결하는 경우에만 나타나는 현상은 아니다. 국가 문제를 해결할 경우도 마찬가지다. 국가적 지식이 누적되어 있어야 국가적 문제를 해결할 수 있으며, 시대적 차원으로 보더라도 그 시대까지 누적된 지식이 있을 때 문제를 해결할 수 있는 것이다.

앞서 같은 시대 같은 지역에서 천재들이 집중적으로 나타나는 헝가리언 현상이 이것을 뒷받침하는 현상이라 말할 수 있다. 이전 시대의 경험과 지식이 누적되고 습득되어 있을 때, 누적된 경험과 지식을 바탕으로 다른 새로운 생각을 발견하거나 만들어 낼 때 창의적 결과물을 창출하게 되는 것이다.

에디슨은 전구를 발명하기 이전에 불빛, 진공, 소재 등 관련 분야의 모든 지식이 있었기에 전구를 발명할 수 있었으며, 수십 수백 번에 걸쳐 실험하고 분석했기 때문에 전구를 발명할 수 있었던 것이다. 그가 전구를 발명할 때 불빛이나 진공 등에 대한 기본 지식이 없었다면 전구의 발명은 생각조차 할 수 없었을 것이다.

애플의 스티브 잡스도 기존에 없었던 것을 만들어낸 것이 아니다. 기존에 있었던 MP3 플레이어에 아이튠즈(iTunes)와 음악이란 컨텐츠를 조합하여 새롭게 아이팟(iPod)을 만들었으며, 아이팟에 휴대폰 기능과 터치식 키보드를 연결 조합하여 아이폰이라는 스마트폰을 만들었다. 그는 기존에 있던 것들을 연결하고 조합하여 새로움을 재창조한 것이다.

창의적인 사람은 기존 구조를 변형하여 새로운 구조를 만든다든지, 불편함을 발견하여 편리하게 수정 보완함으로써 더 나은 생각으로 발전시킬 줄 안다. 새로운 것을 만든다는 것은 기존이 있던 것이 무엇인 줄 알고 있다는 것이다. 기존의 것이 무엇인지 알아야 이것을 변경하거나 보완하여 새로운 것을 만들 수 있기 때문에 기존의 지식과 경험은 중요하다.

:: 좋아하고 즐거운 일에 열정적이다

창의적인 사람들은 자신이 좋아하고 즐거워하는 일에 완전히 몰입하여 집중하는 사람들이다. 이들은 대개 문제를 해결하기 위해 열정적이고 의욕적이어서 노력을 다한다. 외부의 보상이나 인정에 대해 연연하지 않으며, 내면에서 우러나오는 동기에 의해 행동한다. 도전적인 일을 좋아하고 열정을 다해 참여한다.

베스트셀러 작가인 세스 고딘(Seth Godin)은 열정으로 무장한 사람만이 미래를 여는 획기적인 작품을 창조할 수 있다고 했으며, 페이스북의 주커버그는 창의적 인재가 되기 위해서는 '지속적 열정'이 중요하다고 강조하였다.

창의적 기업이라 말할 수 있는 마이크로소프트의 공동 창업자인 빌 게이츠와 폴 앨런은 자주 밤을 새워가며 일했다고 한다. 자신들의 일을 좋아하고 즐거워했기 때문에 밤을 새우게 되는 것인데, 일에 대한 열정을 엿볼 수 있는 부분이다.

헤어제품의 대명사가 되었던 유니레버는 남아프리카공화국에서 흑인들을 대상으로 하는 헤어 제품이 없다는 것을 알았다. 대부분의 흑인들은 곱슬머리를 하고 있었지만 곱슬머리에 적합한 헤어 제품을 만들기 어려웠기 때문이다. 그렇지만 유니레버는 곱슬머리에 적합한 헤어 개발에 투자한 지 거의 15년이 되어서야 겨우 제품을 완성하였다. 곱슬머리 헤어제품을 개발하기 위해서는 헤어와 기계에 대한 전문지식은 물론 그 나라 사람들에게 만족감을 주어야 가능한 일이다. 15년이라는 짧지 않은 시간은 끝까지 달성하겠다는 굳은 의지와 노력, 열정 없이는 안 되는 기간이다.

우리에게 잘 알려져 있는 피카소 역시 13,500여 점의 그림과 700여 점이라는 많은 조각품을 남겼는데 이것은 자신의 일에 엄청난 열정을 쏟아 부었음을 알게 해 주는 것이다. 최후의 만찬을 그린 레오나르도 다빈치도 이 작품을 완성하기까지 꼬박 3년(1495~1498년)이란 시간이 걸렸다고 한다. 우리나라의 조선시대 세종대왕도 한글을 완성하고도 반포하기까지 3년(1443~1446년)이란 세월을 기다려야만 했다.

창의적인 기업이나 사람들의 공통점을 보면 "지독한 의지와 열정"을 근본으로 하고 있다는 것이다. 창의적인 사람은 자신의 일을 즐겁게 하며 또는 자기가 잘하는 일에 빠진다. 자신이 무엇을 좋아하는지 발견할 줄 알고, 그 새로운 일에 몰입할 수 있는 사람이다.

역사적 천재들 중에는 끊임없이 노력하고 집중하며 몰입하는 인물들이 많다는 것을 쉽게 찾아볼 수 있다. 아인슈타인은 하나의 문제를 해결하기 위해 몇 달이고 몇 년이고 생각하고 또 생각했다고 한다. 이렇게 생각하다 보면 99번은 틀리고 100번째가 되어서야 비로소 맞는 답을 얻어낸 것이다. 그만큼 하나의 문제를 해결하기 위해 쉼 없이 노력에 노력을 거듭하려는 열정을 엿볼 수 있다.

자기의 인생을 "태어나서 밥 먹고 연구하다 죽었다"라고 한마디로 말했던 톨스토이도 끊임없이 연구만 했다는 것을 알 수 있는 부분이며, 찰스 다윈의 진화론 역시 20여 년이란 긴 세월동안의 연구업적인 것이다. 창의적이라 일컬어지는 사람들은 모두 하나의 문제를 해결하기 위해 수십 년 동안 순수한 열정으로 연구를 지속한 것이다.

6 : 혼자만의 시간을 즐기거나 명상을 한다

창의적인 사람들은 몇 가지 독특한 면을 소유하고 있는 것을 볼 수 있는데, 그들은 혼자만의 시간을 즐기곤 한다. 누구에게도 방해 받지 않는 시간을 통해 깊은 몰입을 하고 생산적인 결과물을 만들어내는 사람들이다.

미국 실존주의 심리학자이자 철학자인 롤로 메이(Rollo May)는, 혼자만의 시간을 건설적으로 사용할 수 있는 능력과 혼자라는 두려움을 극복해야만 창의성을 가질 수 있으며, 내면에서부터 들려오는 소리를 잘 들어야 창의적으로 자신을 표현할 수 있다고 강조했다.

:: 혼자만의 시간을 즐긴다

창의적인 사람들은 혼자만의 시간을 가지는 것에 대한 가치를 알고 있다. 이들은 혼자만의 시간을 외롭거나 힘들다고 생각하는 것이 아니라 오히려 즐긴다. 따라서 우리는 종종 그들이 외톨이일 것이라 생각하는 경향이 있지만, 혼자 있는 시간들이 그들에게는 최고의 작품을 도출하는 계기가 되었던 것이다.

아이작 뉴턴은 3살 때 아버지가 돌아가시고 엄마가 재혼을 하는 등 커다란 상실감과 슬픔을 겪는 과정에서 혼자만의 시간을 좋아했다고 한다. 그는 내성적이고 감정적이며 우울한 성격이었는데, 어릴 때의 환경이 상처가 되어 혼자만의 세계에 갇혀 지내면서 성격은 괴팍하였으나 자신의 생각을 벽에 낙서와 그림을 그리면서 과학적 잠재력이 길러졌다고 한다.

또한, 썬 마이크로시스템즈의 빌조이 역시 CEO임에도 불구하고 혼자만의 집중하는 시간을 갖기 위해, 회사에서 떨어진 조용한 도시 아스펜으로 이사했다고 한다. 유닉스 설계와 자바 프로그래밍 등 몇 가지 프로젝트에만 집중하여 업무를 최소화했다. 애플의 스티브 잡스나 페이스 북의 마크 주커버그 역시 비슷한 색깔과 유사한 스타일의 옷만을 고집하였는데, 그들 모두 일상생활의 일들을 단순화시키고 업무에만 집중하기 위한 것이었다. 목표에만 집중하고 다른 것에는 신경 쓰고 싶지 않기 때문일 것이다.

심리학자 볼프강 퀼러는 새로운 아이디어는 언제 어디에서든 떠오를 수 있다고 한다. 특히 사람들이 가장 편하게 생각하는 욕실이나 침대 혹은 버스에 있을 때 아이디어가 잘 떠오르는데 주로 혼자만의 시간을 갖기에 좋은 장소이기 때문에 휴식하기에는 최적이라는 것이다.

욕조에서 밀도를 발견하고 유레카를 외쳤던 아르키메데스가 있는가 하면, 1965년 미국 음원시장 1위를 한 예스터데이를 작곡한 폴 메카트니는 꿈속에서 멜로디를 만들었다. 조엔 롤링은 1990년 맨체스터에서 런던까지 가는 기차에서 영감을 얻어 『해리포터』를 쓴 것을 보면 알 수 있다.

:: 휴식과 명상을 습관화한다

창의성의 대가들은 휴식을 습관화한다. 산책을 하거나 샤워, 수영, 낚시 등의 취미에 빠져 즐기거나, 자신만의 공간을 만들어 쉬기도 한다. 혼자만의 시간을 즐기면서 명상하는 것, 즉 뇌를 최대한 쉬게 해준다면 기대하지 않은 활력과 영감이 샘솟는다. 게으른 시간을 보내기보다는, 열심히 바쁘게 살아가면서 잠깐씩 뇌를 휴식하게 해주는 것이 낫다는 것이다.

아인슈타인도 항상 같은 낡은 스웨터와 허름한 바지를 입고 다니면서 혼자만의 생각하는 시간을 보냈고, 노벨 화학상을 받은 독일 생물리학자 만프레드 아이겐(Manfred Eigen)은 매일 아침마다 모짜르트의 음악을 연주하면서 즐겼으며, 노벨 화학상 수상자인 맨프레드 아이겐도 매일같이 모차르트의 음악을 연주하면서 마음의 휴식을 찾았다.

명상은 자신의 마음속에서 일어나는 일에 주의를 집중하기 때문에 집중력과 스트레스를 해소시키며 수면의 질을 향상시킨다. 명상은 좌뇌와 우뇌의 균형을 잡아주고, 해마가 활발해져 기억력이 좋아지며, 높은 수준의 알파파가 측정되는데 이것은 긴장과 분노, 슬픔 등을 감소시킨다(메사추세츠 공대와 하버드대 신경학 연구결과).

명상하면 정신적으로 안정을 되찾고 건강해지기 때문에 긍정적인 생각을 많이 하게 되어 삶의 활력을 주어 창의적이 된다는 것이다. 2012년 네덜란드 연구결과에 의하면, 창의적인 생각과 집중하고 기억하는 데 명상이 도움을 준다고 한다. 마음을 비우고 명상을 하면 좌뇌가 활성화되어 창의적이고 행복하게 된다.

작가이자 심리학과 정신과학 교수인 위스콘신대학의 리처드 데이비슨 박사는 수년간 티벳 승려 175명과 공동 연구결과, 뇌와 몸이 상호영향을 준다는 것을 밝혀냈다. 오랫동안 명상훈련을 한 사람은 좌뇌가 엄청나게 활성화되었다. 좌측 전두엽은 행복, 기쁨, 낙천적, 열정과 관련이 있는 부위이며, 명상을 하게 되면 좌측 전두엽이 활성화되어 불행, 고통, 긴장, 우울을 관장하는 우측 전두엽을 압도하게 된다.

CREATIVITY

PART **4**

창의적

생각 도구들(Tools)

창의력을 다 써버릴 수는 없다.

창의력은 사용할수록 계속해서 더 생겨난다.

– 오스카 와일드 –

우리는 기술 변화뿐만 아니라 생활방식이나 생각도 빠르게 변하는 불확실성 시대를 살고 있다. 우리의 하루가 매일 똑같이 반복되는 일상이라 생각하지만, 어제와는 다른 오늘을 살고 있다. 내일을 예측할 수 없고 끊임없이 변화하는 시대를 살아야 하기 때문에, 새로운 문제에 직면했을 때 더 이상 과거 지식과 경험은 해결책이 될 수 없으므로 새롭게 볼 줄 아는 능력이 필요한 것이다.

창의성은 새로운 문제를 발견하고, 남과 다른 생각으로 문제를 해결해 나가는 과정이다. 같은 현상이나 상황이 발생하더라도 그것을 어떻게 생각하고 바라보느냐에 따라 다른 결과를 얻게 되기 때문에 창의적 생각은 우리의 삶을 변화시킨다.

창의적 생각도구들은 우리의 평범한 생각을 좀 더 수월하게 창의적으로 생각하게 한다. 어떤 문제가 존재하는지 명확히 발견할 수 있게 해주며, 발견된 문제를 창의적으로 해결할 수 있도록 도와준다.

인간은 도구를 사용할 줄 아는 유일한 동물이다. 불을 사용하고 돌도끼나 토기와 같은 도구를 사용할 줄 알게 되면서 인류의 문명이 구석기시대에서 신석기시대로 급속도로 발전했듯이, 창의적 생각도구를 활용한다면 아무리 어려운 문제라도 쉽고 현명하게 해결할 수 있게 된다.

어떤 도구를 사용하든지 사용하는 도구가 손에 익숙해야 그 도구를 자유자재로 잘 사용하듯이, 창의적 생각 도구들도 여러 번 익혀 자기 것을 만드는 것이 필요하다. 여기에서 제시하고 있는 여러 가지 생각 도구들을 배우고 익힌다면 누구나 쉽게 창의적인 사람이 될 것이다.

1 ⋮ 틀을 깨고, ⋮ 엉뚱한 생각하기

창의성은 사물 또는 현상을 다른 관점에서 새롭게 보는 능력을 말한다. 문제를 해결하기 위한 창의적 대안을 만들어내는 능력인 것이다. 경직된 생각에서 벗어나 다양한 시각을 가지며, 남과 다른 생각과 열린 마음으로 유연하게 생각한다.

∷ 고정관념을 버린다

창의적 생각이란 생각의 틀을 깨는 것을 말한다. 고정관념에서 벗어나 남이 잘하지 않는 엉뚱한 생각을 통하여 사회적으로 유용한 가치를 이끌어낸다.

고정관념은 편향된 시각을 갖게 하고 생각이 경직되기 쉽기 때문에 유연한 사고를 어렵게 만든다. 고정관념에 빠지지 않으려면 남들과 다른 새로운 시각으로 바라보려고 노력해야 한다. 창의성은 남과 다른 생각을 하는.것이기 때문이다.

고정관념을 버리기 위해서는 우선 알고 있는 패턴을 파괴한다. 창의성은 알고 있는 패턴을 파괴할 수 있는 능력이다. 이미 알고 있는 패턴, 기존 생각이나 행동 패턴을 파괴해야 건설적이며 혁신적인 새로운 생각, 새로운 패턴을 만들 수 있다. 새로운 패턴을 발견하기 위해서는 기존 패턴을 깨야만 가능하다.

:: 기존 지식, 습관, 행동을 깨는 것이 필요하다.

아무 생각 없이 반복적으로 하는 생활습관을 버리고, 새로운 시도를 통해 생각의 유연성을 기른다. 유연한 생각을 갖기 위해서는 기존의 생각에서 벗어나려고 끊임없이 노력해야 한다.

일상에서도 쉽게 실천해 볼 수 있기 때문에 틀을 깨는 것을 어렵게 생각할 필요 없다. 예를 들어 매일 다니는 출퇴근 길이 있다면, 오늘은 어제와는 다른 길로 출근을 하거나, 교통수단을 다르게 활용해 볼 수 도 있다. 평소 먹어본 적 없던 음식을 새롭게 먹어보는 것도 좋고, 같은 음식이라도 다른 음식점을 개척해 보는 노력을 통하여 기존의 틀을 깨는 훈련을 할 수 있다.

바나나는 노란색 과일이므로 예전부터 바나나 우유는 노란색이라는 고정관념이 있었다. "바나나는 원래 하얗다"라는 제품이 나온 적이 있는데, 바나나 껍질 안의 먹는 부분이 하얀색인 것을 강조한 제품으로서 기존의 고정관념을 깬 것이다. 마시는 비타민이 처음 나왔을 때도 우리는 비타민이 알약이 아니라서 매우 신기해했다.

또 다른 고정관념을 깬 예로서 컴퓨터 자판기가 있다. 컴퓨터 자판기의 알파벳 배열은 기존 타자기의 알파벳 배열을 그대로 가져왔기 때문에 사용하기에 비효율적임에도 불구하고 그대로 사용 중이다. 익숙한 습관을 바꾼다는 것은 그만큼 힘들다. 왼쪽에 운전대가 있는 우리나라에서는 사람은 우측통행을 해야 안전하다. 그런데 좌측통행이라는 오랜 습관 때문에 쉽게 바꾸지 못하는 것도 마찬가지로 고정관념에서 나온 결과다.

:: 정해진 전통이나 규칙, 규범에 도전한다

기존의 사고나 틀을 깨기 위해서는 지속적으로 해왔던 사고나 행동에서 벗어나 다르게 행동하려는 노력이 필요하다. "무엇이 어떻게 되어야 한다"는 기존의 습관이나 전통, 규칙이나 규범 등에서 벗어나, 확고한 생각에 얽매이지 않고 순수하게 생각해 보는 것이다. 그러려면 정해놓은 규칙이나 규범에 끊임없이 도전해야 한다. 보편적이고 일반적으로 알고 있던 상식이나 규칙을 깨고 새로운 주장을 한다.

21세기의 세계적 경영학자인 크리스텐슨 교수도 혁신을 위해서는 파괴적 혁신이 필요하다고 강조했는데(혁신기업의 딜레마, 1997), 파괴적 혁신이란 아이폰과 같이 기존 시장에 있던 휴대폰 시장의 판을 뒤엎을만한 획기적인 혁신을 말하는 것이다.

16세기 폴란드의 천문학자인 코페르니쿠스는 지구를 중심으로 우주가 움직인다는 학설을 파괴하였다. 태양을 중심으로 지구가 돌고 있다는 지동설을 주장함으로서 그때까지의 보편적 학설을 파괴한 것이다.

기원전 334년 소아시아 고대국가 프리기아의 왕 고르디아스는 신전 기둥에 매듭을 묶으며 매듭을 푸는 사람이 왕이 된다는 예언을 남겼다고 한다. 수많은 사람이 매듭을 풀려고 도전하였으나 풀지 못했다고 한다. 오랫동안 풀지 못한 채 전설로만 전해 내려오고 있었는데 그 전설에 흥미를 느낀 어느 젊은 장군이 매듭을 주시하다가 칼로 매듭을 끊어 버렸다고 한다. 이 젊은 장군이 훗날 알렉산더 대왕이다. 장군은 사람들이 매듭을 풀려고만 했던 생각을 완전히 파괴하고 새로운 해결방안을 제시한 것이다.

최근 테슬라 자동차의 최고경영자(CEO)인 엘런 머스크가 절대 규칙에 도전하는 사건을 만들었다. 그 동안은 어느 누구도 로켓을 재활용할 수 있다는 생각을 해 본 적이 없었다. 그는 2024년까지 화성에 사람을 보내겠다고 하면서, 미국 항공우주국(나사; NASA) 조차도 생각하지 못했던 발사 추진체(보조로켓)를 재활용하는데 성공하였던 것이다. 스페이스X는 테슬라 자동차를 화물로 싣고(64t) 펠컨 헤비를 발사하면서 보조로켓 2개가 발사현장으로 돌아옴으로서 로켓의 재활용에 성공한 것이다.

:: 위기상황과 같은 환경을 만들어 기회를 찾는다

저널리스트 로버트 위더(Robert Wieder)는 창의성과 관련하여 유명한 말을 남겼다. "우리는 누구나 옷 가게에 가면 유행을 파악할 수 있고 박물관에 가면 역사를 파악할 수 있다. 그러나 철물점에서 역사를 발견할 수 있는 것은 창의적인 사람만이 할 수 있는 일이다"라고 했다. 즉, 충분한 자원이 주어지고 예상 가능한 환경이라면 누구나 잘할 수 있으나, 예기치 않은 상황과 불가능한 조건에서는 누구나 잘하기는 어렵다는 것이다. 남과 다른 발상을 하고 새로운 기회와 가능성을 만들어 내야 하는 상황에서는 창의적인 사람만이 가능하다.

사람은 늘 하던 습관대로 행동하고 생각하려는 습성이 있으므로 기존의 고정관념을 깨는 것이 어렵다. 그러므로 습관을 바꾸기 보다는 외부 환경을 변화시킴으로서 새로운 기회를 찾는 것이 방법이다. 외부 환경을 바꾸면 생각이나 행동이 자연스럽게 바뀐다.

외부환경을 바꾸는 방법으로, 위기 상황을 자발적으로 만들어 보는 것이 있다. 내가 갖고 있는 환경이나 조건을 넘어 한계 이상으로 밀어 붙인다. 예를 들면 현재의 편안함을 벗어나 무언가를 갑작스럽게 결정함으로써 되돌릴 수 없도록 만든다. 스스로에 대해 한계까지 내몰아서 스스로를 시험해 보는 것이다.

위기 상황에 놓이게 되면 나도 모르는 초인적인 힘이나 번뜩이는 생각이 나타나기도 한다. "위기는 기회다"라는 말이 있다. 많은 사람들이 위기 상황에서 새로운 생각이나 새로운 돌파구를 만들기 때문이다. 난세에 영웅이 나타나고, 위기에서 새로운 변화를 추구하게 되는 것이다. 현재 상황에서도 충분히 생활이 유지된다면 틀을 깨는 다른 생각을 하지 않을 것이기 때문이다. 안정되고 편안한 환경에서는, 그 상태를 유지하려는 것이 사람의 본성이므로 가끔은 자발적으로 위기 상황에 밀어 넣는 것이 방법이다.

2 : 관점을 뒤집고 거꾸로 생각하기(역발상)

창의적으로 생각하는 방법 중, 가장 쉽게 접근할 수 있는 것이 거꾸로 생각하는 것이다. 즉 관점을 뒤집어 역발상을 하는 것이다.

:: 역발상 하기

일반 상식에서 벗어나더라도 반대로 생각해 보고, 비현실적이나 비논리적이어도 거꾸로 생각해 보는 방법이다. 이 방법은 무엇보다도 우리가 일상생활에서 쉽게 적용해 볼 수 있다는 장점이 있다.

중요한 회의나 예약된 시간까지 가야 하는데 교통체증으로 막히는 도로에 있을 경우, 우리는 목적지까지 빨리 도착하기 위해 내비게이션을 보거나 알고 있는 길이라면 경험상 빠른 길을 선택한다. 그런데 오히려 천천히 가는 길을 선택하는 역발상을 해보자. 어쩌면 목적지까지 더 빨리 도착해 있을지도 모를 것이다.

역발상의 대표적 사례로 일본 아오모리 현의 합격사과가 있다. 태풍으로 90% 이상 사과가 떨어졌다. 농민들은 남은 사과 10%를 팔기 위해 온갖 아이디어를 생각해 냈다. 마지막까지도 떨어지지 않고 남은 사과이므로 수험생에게 절대 떨어지지 않는 '합격사과'라는 의미를 부여하여 10배 높은 가격으로 팔았다고 한다.

최고 인재들이 도출한 아이디어를 선택하지 않는다고 하는 일본의 마쓰시다 전기의 창업주인 마쓰시다 고노시케의 일화도 역발상의 사례다. 일반적으로 물류센터는 공간을 많이 차지하기에 땅값이 비교적 저렴한 도심 외곽에 위치한다. 그러나 마쓰시다 전기는 물류센터를 도심 한가운데에 건설하는 역발상을 한 것이다. 일반상식과는 정반대로 건설했으나 오히려 물류비용이 줄어 수익이 증가했다고 한다.

최근 화장품이나 스포츠업계의 제품들을 보면 역발상에 의해 만들어진 제품들을 많이 볼 수 있다. 주로 여성만을 타겟으로 했던 화장품업계는 역발상을 통해 자신을 가꾸고 꾸미는 남성을 타겟을 변경한지 오래 됐으며, 남성을 주요 타겟으로 하던 스포츠업계는 오히려 여성을 공략하고 있다.

여성고객들만 또는 남성고객들만의 전유물처럼 여겨졌던 제품들의 대상을 바꾼 것이다. 고어택스 제품은 주로 등산 용품이므로 물에 젖지 않는 것이 강점인 제품이었으나, 오히려 신발에 구멍을 내서 비에 젖어도 금방 마르게 하는 크록스 신발은 역발상의 좋은 예이다.

서점은 책을 판매하는 곳이기 때문에 고객들이 책을 많이 사가야 유지되는 곳이다. 그러나 최근에는 오히려 고객들에게 책을 많이 읽고 갈 수 있도록 서점 내 공간을 만들고 있다. 중고 책이 되더라도 책을 읽을 수 있게 하는 역발상이 더욱 책 판매량을 증가시킨 것이다. 사람들과의 만남이 이뤄지는 카페의 형태로 변화하고 있다. 시끌벅적한 카페에서 오히려 조용하게 공부할 수 있는 도서관형 카페로 변신하면서 고객을 늘려나가는 것도 역발상의 좋은 예이다.

:: 마치 처음 보는 것처럼 생각하고 행동한다

스탠퍼드 경영대학원 교수 로버트 서튼(Robert I. Sutton)은 『역발상의 법칙』에서 이미 오랫동안 경험한 것을 마치 처음 보는 것처럼 생각하고 행동하라고 강조한다.

처음 보는 것처럼 낯설게 보는 것이나 실수 또는 돌연변이라고 여겨지는 것이 혁신의 출발점이자 혁신의 열쇠이기 때문이다. 창의력은 성공하든 실패하든 많은 시도를 할 때상을 주고, 아무것도 안 하는 나태한 사람을 처벌해야 한다. 가장 많이 실패한 사람이 결국 성공한 창조자가 되기 때문에, 혁신의 성공 확률을 늘리려면 그만큼 실패 수도 많이 늘리는 것이 중요하기 때문이다.

기업이나 학교는 창의적 인재를 원한다. 다양한 시험이나 면접 등을 통해 우수한 인재를 뽑으려고 부단히 노력하고 있다. 그런데 오히려 채용조건에 부적합한 사람을 뽑는다면 어떻게 될 것인가? 채용에 적합하지 않은 사람이거나 심지어는 필요 없는 사람을 채용한다면 어떻게 될까? 물론 상황에 따라 다르겠으나 채용조건에 부적합했던 사람이 오히려 엉뚱한 생각으로 창의적 결과물을 도출할지도 모르는 일이다.

:: 문제를 제거하기 보다는 오히려 부각시킨다

기존 제품이나 서비스에 대해 문제를 제거하기 보다는 오히려 문제를 확대하고 부각시킴으로써 창의적인 생각을 창출한다. 문제를 확대하여 강조하다 보면 새로운 발상을 할 수 있는 계기가 생기기 때문이다.

문제를 더욱 확대하고 부각시키기 위해서는 해당문제에 대해 모양이나 기능 등 알고 있는 특성에 대해 나열한다. 만약, 해당문제가 업무라면 업무에 대한 프로세스나 절차를 정리한다. 그런 후에, 나열된 각각의 특성들을 기존에 알고 있었던 규칙이나 이론에 대해 반대로 뒤집어 적는다. 이렇게 역발상을 하다보면 새로운 아이디어를 찾을 수 있게 된다.

존재하는 문제를 없애려 노력하기보다는 더욱 부각시킴으로써 만들어진 대표적 제품이 쇼핑 카트다. 쇼핑 바구니를 들고 다니던 시절, 쇼핑 바구니가 너무 무거웠다. 대부분의 사람들은 쇼핑 바구니의 무게를 어떻게 하면 줄일 것인가를 고민했으나, 반대로 2배 더 키울 수 있는 방법을 생각함으로써 쇼핑 카트가 만들어졌다.

네덜란드 북부의 작은 도시 드라흐텐의 리바이플라인 교차로는 하루 수천 명의 보행자와 2만여 대의 자동차가 오가는 복잡한 거리다. 이 교차로에서 4년 동안 교통사고 36건이 발생하여 신호등 설치 등 온갖 규제를 다 동원했으나 효과가 없었다. 역발상으로 오히려 교통규제를 모두 없애버렸다. 신호등이나 교통표지판도 없으며, 인도와 차도의 구분도 없이 교통규제가 없는 거리를 시행한 것이다. 그런데 그 이후로는 단 2건의 사고만이 발생했다.

한스 몬더만(Hans Monderman)은 세계적으로 유명한 교통 엔지니어이다. 그는 '공유 공간'이란 철학으로 수많은 반대를 극복하고 1978 ~ 2002년까지 교통규제 없는 거리를 시행했다. 신호등이 없으므로 교차로에 들어오면 차량은 속도를 줄이고 보행자는 주의를 더 기울이게 되기 때문에 교통사고율이 줄어든 것이다. 이 프로젝트는 그 이후 독일, 덴마크, 영국 등의 대도시들이 참여하여 관광객이 오히려 증가했다. 역발상으로 교통사고도 줄이고 관광수입도 얻은 획기적인 아이디어였던 것이다.

1853년 뉴욕 주의 조지 크럼(Georege Crum)에서는 감자가 두껍다고 불만을 토로하는 손님에게는 오히려 감자를 포크로 찍어 먹기 힘들 정도로 얇게 감자를 제공했다고 한다. 손님에게 골탕을 먹이기 위해 지나치게 얇게 감자를 요리했었는데 이것이 오히려 인기를 얻어 오늘날의 감자 칩이 된 것이다.

:: 현상 그대로를 다르게 해석하기(중의적 해석)

현상은 그대로인데 관점을 다르게 보는 방법이 있다. 관점을 다르게 보면 다른 해석이 가능하기 때문이다. 같은 현상이라도 어떤 관점에서 바라보느냐에 따라 다르게 해석되고 다른 결과물이 나오게 된다.

캐나다 건축사 아서 애릭슨은 같은 현상이라도 다르게 볼 수 있도록 중의적으로 해석하라고 한다. 시드니 오페라 하우스의 곡선 건축물은 직선에 비해 비용이 많이 들기 때문에 골칫거리 건축물이었다. 곡선을 만들기 위해 조각 모양으로 건축함으로써 단순 건축물을 예술작품으로 승화시켰다. 자칫 흉측한 조형물로 전락할 위기에 처한 건축물을 다르게 해석함으로써 훌륭한 예술작품을 만든 것이다.

1889년 에펠 탑은 프랑스혁명 100주년을 기념하기 위해 지어졌다. 높이는 324m로 81층 정도의 높이와 비슷하며, 20년 후에는 시에 소유권이 넘어가 철거될 예정이었다. 탑이 세워질 당시에는 독특한 디자인 때문에 비난의 대상이 되었으며 완공 이후에도 몇 번이나 해체의 위기를 겪었으나, 2차 세계대전 중에는 통신용으로 활용하여 유용한 건축물이 되었으며 프랑스의 상징으로 그 가치를 인정받아 현재까지 세계적 유산으로 남아 있게 된 것이다.

3 : 끝없이 상상하기

창의성은 어떤 문제나 상황에 대해 꾸준히 생각하며 상
상할 때 나타난다. 아무 생각 없이 생활하고 있을 때 창의성
이 무턱대고 생기는 것이 아니다. 풍부한 상상력은 뇌를 자
극하여 인간에게 잠재되어 있는 무한한 창의력을 발휘하게
한다.

상상(想像)이란 단어를 사전에서 찾아보면, "실제로 존재하
지 않는 것을 머릿속에서 생각하는 것"이라고 하고, 상상력
(想像力)은 "정신적인 이미지와 감각과 개념을 형성하는 능력"
이라고 한다.

상상과 유사한 단어로 공상, 몽상, 망상[20] 등이 있는데, 공

---

20 상상(想像): 실제로 경험하지 않은 현상이나 사물에 대하여 마음속으로 그려봄.
   공상(空想): 현실적이지 못하거나 실현될 가망이 없는 것을 막연히 그리어 보는 것.
   몽상(夢想): 꿈속의 생각, 실현성이 없는 헛된 생각.
   망상(妄想): 병적으로 생긴 잘못된 판단이나 확신, 내용이 비현실적임.

상은 현실에 실제 존재하지 않는 것으로 현실 가능성이 없이 막연히 그려보는 것이며, 망상은 현실을 도피하기 위한 수단으로 사용된다. 각각 약간씩 뜻의 차이는 있지만, 모두 실제로 존재하지 않기 때문에 현실적이지 않다는 공통점이 있다.

상상을 하면 가끔은 엉뚱하고 쓸데없는 생각이라고 구박받지만, 상상은 새로운 아이디어를 만들어 창의적 결과물을 만들어준다. 뇌에서 상상력과 창의력은 같은 두뇌활동을 거치기 때문에, 상상력이 높으면 창의력이 높고 창의력이 높으면 상상력도 높다. 위대한 사상가, 철학자, 예술가, 과학자들은 모두 상상력의 대가들이었다.

하지만 상상하는 것만으로 유용한 결과물이 될 수 없다. 상상한 것을 현실로 구현할 때 창의적 결과물이 될 수 있는 것이다. 상상력은 때로는 지식을 이해하고 경험의 의미를 아는 데 도움을 주기도 한다.

:: 성취된 모습을 이미지로 그리며 선언한다

창의성을 향상하는데 상상력이 도움을 주기 때문에 마음껏 상상하는 것이 좋다. 상상력을 향상하기 위해서는 설정한 목표에 대해 이미 달성한 것처럼 달성한 모습의 이미지를 그려보는 것이 필요하다. 상상력을 향상하기 위한 방법은, 상상력의 가치를 인정하고 성취된 모습을 이미지로 그리는 것뿐만 아니라, 성취되기를 희망하는 말을 스스로에게 자주 해준다. 긍정적 감정과 바람은 사람에게 노력하는 원동력이 된다.

우리의 뇌는 사이코-사이버네틱스(맥스웰 몰츠의 성공의 법칙 참조)가 작동되어 상상한 결과와 실제 결과를 구별하지 못하기 때문에 반복해서 스스로에게 말하고 주입하면, 뇌에서는 실제로 그렇게 알고 행동하기 때문에 스스로에게 희망하는 말을 자주하는 것이 효과가 있다.

:: 호기심을 갖고 주의 깊게 관찰한다

상상력을 높이려면 다른 사람에 대한 관심과 주변 현상에 대해 관심을 갖는 것이 필요하다. 칙센트미하이는 유명한 과학자에게서 호기심이 많이 나타나고, 나이를 먹더라도 지속된다고 한다. 수많은 질문과 상상력은 호기심으로부터 시작되기 때문이다.

호기심을 갖고 주변을 자세히 관찰하다 보면 현재의 현상이 자연의 이치나 사물과 닮아 있다는 것을 발견한다. 자연현상이나 사물은 우리의 문제를 해결할 수 있도록 단초를 제공하기도 한다. 관찰을 잘하면 문제를 해결할 수 있는 계기가 될 수 있다.

상상은 평상시 내가 알고 있는 것 이상을 생각할 수 있는 장점이 있다. 유사한 단어나 사물, 느낌으로 상상을 계속 연결하면 상상력이 향상된다. 생각에 생각의 고리를 연결하면서 마음껏 상상해보자. 인간의 모든 발명품은 대부분 불편함이나 불만을 해결하기 위한 대안으로 만들어진 것이다. 현재 있는 불편함을 개선하는 상상을 해보자. 더 편리한 무언가를 상상한다. 터무니없더라도 자꾸 생각을 늘리면 즐거운 상상이 된다.

:: 상상할 수 있는 환경을 조성한다

인류가 오랫동안 지식이나 문명을 발전시켜온 것은 상상력 때문일 것이다. 그러므로 상상력 향상을 위해서는 상상하기 좋은 환경을 만드는 것이 중요하다. 하루 한번쯤은 외부 방해나 간섭 없이 공상에 빠지는 시간을 갖는 것도 상상력을 향상시키는 방법이다.

잠들기 전이나 아침에 일어나기 전, 침대에 누워 천장을 바라보면서 상상한다. 정해진 시간과 장소가 있다면 어디든 좋다. 집 근처나 좋아하는 장소가 있다면 가볍게 산책하며 상상하는 것도 좋은 방법이다.

상상은 현재를 벗어나 미래를 그릴 수도 있고, 한 번도 가본 적 없는 우주나 바다 속을 여행할 수도 있다. 어떤 상상이라도 좋다. 머릿속에 떠오르는 아이디어들을 마음껏 그려볼 수 있도록 환경을 만들어준다.

:: "만약에?"라고 상상하는 연습을 한다

창의적으로 생각하는 방법 중에 쉽게 적용해 볼 수 있는 것은 만약(If)을 가정하는 것이다. 인간의 뇌는 사물이나 사건을 저장하고 기억하는 능력이 있는데, 기존의 경험이나 감정을 기억할 뿐만 아니라 미래를 상상하고 예측할 수 있는 특별한 능력까지도 가지고 있다.

그러므로 자주 "만약에 ○○○이라면?", "만약 내가 그 사람이라면?" 등과 같은 질문은 하고 스스로 답한다면 우리의 뇌는 상상력을 더욱 풍부하게 해 줄 것이다. "만약(If)"이란 가정으로 질문하는 것이기 때문에, 현실적으로 가능성 없는 질문을 하는 것이 요령이다.

• 만약 이러한 자연현상이 발생한다면, 그 후에 어떤 일이 일어날 것인가?
• 만약 저 앞산이 없다면 어떤 모습이었을까?
• 만약 조선시대에 한글창제, 측우기 등을 발명한 세종대왕이 없었다면?
• 만약 이 물건이나 규칙을 바꾸지 않고 그대로 둔다면, 어떤 일이 벌어질까?

페인트를 판매하는 회사에서 매출이 정체하여 판매를 향상시키기 위한 획기적인 방법이 필요했다. 매출을 향상시키기 위한 방법을 고민한 것이 아니라, "만약, 세상을 모두 페인트로 칠할 수 있다면, 사람의 기분까지도 바꿀 수 있지 않을까"라는 현실적이지 않은 황당한 상상을 했다고 한다. 이를 계기로 페인트를 판매하는 회사에서 분위기를 만드는 회사로 전환하였으며 매출을 획기적으로 향상시켰다고 한다.

스위스 알프스의 파나로믹 익스프레스 열차의 가장 앞자리는 인기가 매우 높은 좌석이다. 일반적으로 기관사는 열차 안에서 운행하고 좌석도 안에 있다. '만약에 기관사가 열차 밖에 앉는다면 어떨까?'라는 상상으로 시작하여 열차 밖의 자리가 마련되었으며 현재는 예약하기도 어려운 인기 좌석이 되었다고 한다.

:: 마치 다른 사람인 것처럼 생각하고 느낀다

"만약에?"라는 가정은 우리 뇌를 자유롭게 상상하게 해주어 창의적으로 생각하게 해준다. 그럼에도 불구하고 우리는 자주 위와 같은 질문에 스스로 답했던 내용이 현실과는 멀 것이라는 부정적 생각으로 잘 활용하지 않는다. 하지만 이런 상상을 하다 보면 실제로 우리가 현실과 그리 멀지 않은 것들에서 해결책을 찾게 되는 것을 볼 수 있다.

마치 역할놀이와 비슷하게 내 자신이 사물이나 다른 사람이 된 것처럼 생각해보는 것이다. 즉, "만약에 내가 ㅇㅇㅇ이라면, 나는 ㅇㅇㅇ할 것이다"와 같이, 다른 사람의 시각으로 사건이나 사물을 설명해보는 것이다.

역할극을 하듯이 내가 마치 다른 사람이 된 것처럼 생각하고 느껴본다. "만약 내가 그 사람이라면?"이라고 가정하고, 마치 그 사람이 된 것처럼 그의 사고와 생각을 한다. 내가 존경하는 사람이나 만나고 싶었던 사람을 생각해보자.

- 문제에 직면했을 때, 내가 만약 워런 버핏이라면 어떻게 해결하려고 생각했을까?,
- 내가 만약 월트 디즈니라면?,
- 내가 만약 테레사 수녀라면?,
- 내가 만약 스티브 잡스라면?
- 내가 만약 컵이라면?
- 내가 만약 산이라면?
- 내가 만약 독수리라면?

그 사람은 그 상황에서 어떤 상상을 했으며 어떤 결정을 내렸을까를 가정해본다. "만약에?"라는 가정은 우리 뇌를 자유롭게 상상하게 해주어 창의적으로 생각하게 해준다. 그럼에도 불구하고 질문에 답했던 내용이 현실화될 가능성이 낮다고 생각하여 활용하지 않는다. 어렸을 때부터 정답만을 찾는 교육을 받아왔고, 나이가 들수록 익숙한 것에 길들여져 만약이란 가정을 어려워한다.

프랑스에서는 역할극처럼 토론 수업을 진행한다고 한다. 역사 속의 인물이나 사건을 설정하고 각기 다른 역할을 맡아서 역할극을 한다. 학생들 스스로가 역사 속의 인물이라 가정하고 토론하는 것이다. 이런 역할 놀이는 사람의 상상력을 발달시키고 표현 능력을 향상시키는 훌륭한 방법이다.

1960년대 MIT교수들이 만든 비어게임(Beer Game)도 역할극이라 할 수 있다. 비어게임은 공급망(Supply Chain) 시뮬레이션 게임으로서, 맥주의 공급망은 매우 복잡하여 실제 맥주를 주문하여, 생산, 배송하기까지 처음 주문한 맥주량과 마지막 배송시의 주문량에 차이가 발생한다. 이런 차이가 어디에서 어떻게 발생하는지 원인을 파악하기 위해, 각 생산단계별로 시나리오를 만들어 각 단계별 담당자 역할놀이를 한다. 각 생산단계별 담당자들은 각 단계에서 어떤 문제점이 있는지 느끼고 분석하며 아이디어를 도출하게 되는데, 이를 통하여 논리적이고 창의적인 사고력이 키워지고, 맥주 공급망을 이해할 수 있게 된다.

4 : 관계없는 것들을 연결하여 결합하기

　우리의 일상에서 창의적 문제해결은 매우 중요하다. 고든[21]은 서로 관련 없는 것들의 결합을 통해 창의적 문제해결이 가능하다고 했다. 문제해결을 위해 서로 다른 영역의 아이디어를 가져오는 것이다. 전혀 다른 영역의 경계를 허물고, 그로부터 나온 아이디어는 최고의 아이디어가 될 수 있다.

　『인지니어스』의 저자 티나실리 교수는 창의적인 생각을 위해, 아이디어의 핵심을 가져와서 아이디어들끼리 변형하고 연결하고 조합하라고 강조한다. 서로 다른 영역의 아이디어를 가져와서 서로 연결하기 위해 도움 되는 것이 여행

21　고든은 창의적인 문제 해결을 위한 기법의 하나로 "시넥티스"를 말했다. 그 어원은 서로 관련이 없는 '요소 간의 결합'을 의미하는 희랍어의 'synectics'이다. 고든은 이 기법을 산업체 또는 경영학 분야에서의 문제 해결의 방법으로 활용했다.

이다. 여행은 새로운 것을 보고 먹을 수 있으며 새로운 사람들을 만날 수 있다. 이러한 경험은 서로 다른 언어와 문화가 연결되고 결합될 기회를 제공해준다.

∷ 서로 다른 영역을 연결하고 결합한다

창의성은 기존의 것을 서로 연결하고 결합하여 새로운 것을 만드는 것이다. 우리 주변의 제품들은 대부분 여러 가지 기능을 연결하고 조합하여 더 편리한 새로운 제품을 만든 것들이 많다.

이미 알고 있듯이 휴대폰의 기본 기능은 통화이다. 여기에 메시지 송수신 기능이 결합되고, 또한 음악, 인터넷, 카메라 등이 추가되어 이들간을 서로 연결하고 조합하여 스마트폰(아이폰)이라는 새로운 제품이 탄생한 것이다.

또한, 썬 글라스도 서로 다른 기능을 결합하여 만든 창의적인 제품이다. 안경은 주로 눈이 나쁠 때 사용하지만, 햇빛이 강할 때는 빛으로부터 눈을 보호하기 위해 썬 글라스로 사용하기도 한다. 때로는 패션으로 안경을 착용하기도 한다.

서로 다른 각각의 기능을 연결하고 결합하여 만든 제품 중에 복합기라는 것이 있다. 프린트, 복사, 파일 스캔이라는 각각의 제품이 있었지만 사람들은 이러한 기능을 결합하여 하나의 제품인 복합기를 만들어 편리하게 사용하고 있다.

냉/난방 기능, 제습기능, 공기 청정기능이 결합된 에어컨이 있는가 하면, 먼지를 흡입하기만 했던 청소기는 물걸레 닦기 기능까지 결합된 제품이 나온다.

제품의 경우에만 연결 및 조합이 이뤄지는 것이 아니다. 눈에 보이지 않는 서비스의 경우에도 각각의 서비스를 연결하여 새로운 서비스를 창출하기도 한다.

영화관에서만 볼 수 있었던 영화를 기존의 TV와 인터넷을 연결하여 새로운 인터넷 TV 서비스가 만들어져 집에서도 영화를 볼 수 있게 되었다. 인터넷 TV는 TV와 영화뿐만 아니라 교육 서비스나 쇼핑 서비스까지도 결합되어 더 확장된 새로운 서비스가 제공된 것이다.

TV 프로그램과 같은 무형의 결과물도 서로 연결하고 결합하여 새로운 프로그램이 만들어지기도 한다. 대표적인 예가 '꽃보다 할배'라는 프로그램이다.

원래 배낭여행은 여행경비가 별로 없는 젊은이들의 전유물이었으나, 할아버지들로만 구성된 여행객들이 배낭여행을 하는 리얼리티 프로그램이다. 젊은이들의 배낭여행과 할아버지들을 연결시켜 새로운 프로그램을 탄생시킨 것이다. 이런 창의적인 프로그램을 만든 나영석 PD는 창의성을 다음과 같이 말하고 있다. 창의성은 이루고 나면 모두가 공감하지만, 현실로 보여주기 전까지는 아무도 이해하지 못하는 것이다. 아무도 이해하지 못하는 작업을 마음속에 믿음을 갖고 뚝심있게 밀고 나가는 것이라고 하였다.

그가 만든 또 다른 프로그램인 '알아두면 쓸데없는 신비한 잡학사전'도 서로 연결하고 조합하여 새롭게 만든 프로그램이다. 가수, 정치인, 소설가, 요리가, 과학자가 모여 여행을 다니며 각자가 알고 있는 지식을 편하게 이야기하며, 각자의 개성을 가감 없이 보여줌으로써 인기를 얻었다. 이들은 모두 각자 다른 영역의 전문가로서 전혀 어울리지 않을 것 같은 조합으로 이루어져 있으나 이들을 여행이라는 것으로 연결하고 조합하여 새롭고 참신한 프로그램이 만들어진 것이다.

:: 오래된 아이디어를 다시 새롭게 만든다

오래 전의 아이디어들을 다시 꺼내 새롭게 연결하여 조합해 보는 것도 창의적 생각을 하는 방법이다. 우리가 살면서 미래를 정확히 알 수는 없지만, 현재와 과거의 사건들을 연관시켜 조합해 본다면 새로운 미래가 예측되기도 하지 않을까 생각한다. 우리가 고전을 배우고 역사를 공부하는 이유이기도 하다. 무형의 시간을 연결시켜 미래의 그림을 상상해보는 것이다.

패션의 유행은 시대에 따라 반복하여 나타난다. 17 ~ 18 세기 유행은 드레스였으며 비비안 웨스트우드는 드레스 패션을 더욱 유행시켰었다. 그러다가 최근에(2005년경) 다시 청바지 위에 드레스를 입는 패션을 유행시켰다. 옛날 옷이던 드레스에 청바지를 결합하여 새로운 패션으로 유행시킨 것이다.

또한 안전하고 연비가 좋은 전기 자동차가 다시 등장하기 시작했는데, 전기 자동차는 원래 가솔린 자동차보다 먼저 발명되었었다. 발명된 당시 석유가격의 하락과 대량생산으로 인해 가솔린 자동차가 대세를 이루었기 때문에 전기자동차가 인기를 얻지 못한 것이었다. 그런데 전기자동차가 발명된 지 100년이 지난 요즘에 가솔린자동차와 전기자동차를 연결하고 조합하여 새롭게 하이브리드 자동차를 탄생시킨 것이다.

옛날에 이미 있었던 아이디어를 다시 꺼내 현재의 기술로 연결 및 조합하여 새로운 제품으로 탄생시키고 있다.

5 : 글이나 그림으로 비유적 표현하기

　창의적으로 생각할 때 비유적으로 표현하는 것은 매우 유용한 방법이다. 가능한 많은 아이디어를 만들어야 하는 확산적 사고가 필요할 때도 비유적 표현은 유용하게 쓰이며, 수많은 아이디어들 중에서 분석 및 평가를 통해 실현 가능한 해결책을 선택하는 수렴적 사고를 할 때도 유용한 방법이다.

　비유적 표현은 새로운 생각이나 아이디어를 생성하기 위해 어떤 사물이나 생각에 원래의 이름 대신 다른 이름을 붙이기도 하고, 사물의 다른 용도를 찾아 표현하기도 한다. 또한 어떤 사물이나 생각에 대해 글이나 그림으로 이미지화하여 표현하기도 하는 방법이다.

:: 사물이나 사건에 새로운 이름을 붙인다

사물이나 사건에 원래의 이름이 아닌 전혀 다른 이름을 붙여보는 방법이다. 다른 이름을 붙일 때는 그 사물이나 사건과 관련하여 연상되는 단어를 생각하거나 끝말잇기를 통해 이름을 붙인다. 연상 단어들은 생각을 연장하고 확장할 수 있게 하여 확산적 사고를 쉽게 해준다.

어린 아이나 유아들이 놀고 있는 모습에서 우리는 흔히 그들이 매우 자연스럽게 비유적 표현을 활용하며 논다는 것을 보곤 한다. 나무 막대기나 네모난 플라스틱 같은 장난감을 가지고 마치 막대기가 진짜 칼이나 자동차인 것처럼 사물에 이름을 붙여서 논다. 네모난 종이상자를 보고 마치 음식이라도 된 듯 맛있게 먹는 시늉을 하기도 하고, 장난감 자동차를 보고 하늘의 새라고 말하며 하늘을 날아다니기도 한다.

어린 아이들의 노는 모습에서 힌트를 얻어, 우리도 책, TV, 옷, 가방 등 주변 사물에 연상되는 단어를 붙여보는 연습을 해보자. 사물에 적합하지 않은 이상한 이름을 붙여도 좋다. 사물에 재미있는 이름을 붙이는 연습을 해보는 것이다.

마차만 있던 시대에 자동차를 처음 본 사람들은 철로 만들어진 마차라고 하여 '철마'라고 불렀다고 한다. 기차는 쇠로 만든 바퀴가 굴러가는 모습을 보고 '쇠바퀴'라 불렀으며, 돌비 스테레오가 처음 발명되었을 때 소리가 청아하게 잘 들린다 하여 '소리 세탁소'라고 불렀다고 한다. 보여지는 모습 그대로 사물에 연상되는 단어를 붙인 것이다.

처음 보는 사물이나 사건이 생길 때, 우리는 유사한 단어를 붙이거나 사물을 풀어 해석함으로써 새로운 단어를 만들게 된다. 그러므로 사건이나 사물에 연상되는 이름을 붙이는 연습은 새로운 생각이 필요할 때 매우 유용한 방법이다.

:: 강제연상기법(Random Word)을 사용한다

새로운 생각이 필요하고 문제를 해결해야 할 때 강제연상기법을 활용한다. 강제연상기법은 문제와 관련 없는 전혀 다른 단어를 강제로 연상함으로써 문제를 해결하는 방법이다.

문제와 관련 없는 단어를 연상할 때는 어떤 단어든 상관없다. 사물이어도 괜찮다. 단지 그 사물의(혹은, 상징어) 특징을 잘 아는 것으로 선택해야 문제 해결이 수월해진다. 다음과 같은 절차로 강제연상기법을 진행한다.

1) 문제가 무엇인지 정의한다

만약, 해결해야 할 문제가 A상품의 매출을 향상시키기 위한 방법이라고 하자. 일반적으로 매출을 향상하기 위한 방안을 찾는다고 하면 'A상품'이나 '매출 향상'이란 단어에 집중하여 그 생각에서 벗어나기 쉽지 않다. 이럴 때 사용할 수 있는 유용한 방법이다.

2) 문제와 전혀 관련 없는 사물이나 단어 하나를 선택한다

떠올리는 사물이나 단어는 A상품이나 매출과는 전혀 관련 없는 것을 선택한다. 선택할 단어의 특성을 잘 도출할 수 있으면 된다. 예제에서는 '토끼'란 단어를 떠올렸다.

3) 선택한 단어의 속성이나 특징에 대해 많이 나열한다

선택한 단어인 '토끼'의 특징에 대해 나열한다. 토끼는 깡충깡충 잘 뛰고, 귀가 크며, 앞다리에 비해 뒷다리가 길어 비탈길을 올라가는 것은 잘하는데 비탈길에서 내려오는 것은 잘 못한다.

토끼란 단어와 함께 연상되는 단어는 거북이가 있다. 거북이는 느릿느릿 걷지만 오래 살고 목표지점까지 포기하지 않고 끝까지 노력하는 동물이다.

4) 원래 문제로 돌아가서, 선택한 단어의 특징이나 연상한 내용들을 문제와 강제로 연결시켜 해결방안을 도출한다

A상품의 매출 향상을 위해서는 토끼처럼 매출이 껑충껑충 뛸 수 있어야 한다. 토끼의 큰 귀와 원래 문제와 연결하여 연상해보면, 큰 귀로 고객의 소리, 즉 고객의 니즈(needs)를 잘 들어야 한다. 거북이처럼 열심히 노력하면 지속적으로 꾸준

히 성장할 수 있는 상품이 만들어질 것이다.

:: 글이나 단어로 비유하여 표현한다

비유적 표현은 어떤 사물이나 현상에 대해 다른 사물이나 글로 비유함으로써 원래의 의미를 좀 더 쉽고 새롭게 표현할 수 있게 만든 것이다. 비유적 표현들은 우리에게 무한한 상상력을 자극하게 하여 새로운 생각을 만들게 하는데 도움을 준다.

속담이나 고사성어, 시 등에 많이 사용되는 비유적 표현은 새로운 생각을 하는 데 도움이 된다. 시는 주로 은유적이고 상징적 표현을 많이 쓰고, 속담이나 고사성어도 비유적인 단어나 문장을 많이 사용하는데, 이것은 말하고자 하는 의미를 좀 더 쉽게 전달할 수 있게 해준다.

이솝우화와 같은 동화나 속담은 우리에게 교육적 가르침을 주기 위해 자주 비유를 사용하며, 석가모니의 불교 말씀이나 기독교의 성경도 비유적 표현을 많이 사용함으로써 성인들의 가르침을 쉽게 전달하고 있다.

비유적 표현을 잘하려면 그림책을 보면서 동물이나 사물을 추가하거나 제거함으로써 새로운 이야기로 묘사한다. 동화나 소설 속 이야기의 결말을 다르게 구상하거나 없는 이야기를 추가해서 이어보기도 한다.

최초 컴퓨터 프로그래머인 해군장성 그레이스 호퍼는 일
반인들에게 나노초(Nano Seconds)의 개념을 설명해야 했는데
나노초란 단어가 생소하여 이해하지 못했다. 그런데 나노초
를 30cm의 끈에 비유함으로써 겨우 이해시킬 수 있었다. 시
간개념을 공간개념으로 바꿔 설명한 것이다.

:: 말보다 그림으로 이미지화 한다

새로운 생각을 단어나 글보다도 상상 속의 이미지로 표현
하는 것이 훨씬 더 풍부한 상상력을 얻을 수 있게 해준다. 말
하는 것보다 이미지가 상황을 이해하는데 더 수월하다.

뇌에서 인지하고 판단하는 활동의 90% 이상이 시각을 통
해 입력된다고 한다. 사물이나 현상을 인지하는 과정이 길
고 깊을수록 눈으로 보는 시간이 증가하므로, 시각화(Visual-
ization)는 새로운 생각을 위한 좋은 방법이다.

위대한 업적을 이룬 과학자들은 자신의 생각을 그림이나
만화 같은 이미지로 표현하는 경우가 자주 있다. 상상한 것
을 말이나 글보다 그림과 같은 이미지로 표현하게 되면 상
상력이 더욱 풍부해져 새로운 생각을 할 수 있게 만들어 주
는 것이다.

유명한 예술 그림을 보고 있으며 이것을 상대방에게 말로
설명해야 한다고 하자. 상대방은 이 그림을 한 번도 본 적이

없기 때문에 설명에 의해 상상을 할 수밖에 없다. 그림 속에 있는 사람은 몇 명이며 성별은 어떠하고, 어떤 옷을 입었으며, 무엇을 하고 있는지, 그리고 그림의 배경색은 무엇이며 그 사람의 분위기는 어떠한지 등 장면 하나하나를 자세히 설명한다. 아무리 자세히 설명하고자 해도 그림의 정확한 장면이나 색깔, 느낌까지 그대로 전달하기에 부족할 수밖에 없다. "백문이 불여일견"이란 말이 있듯이, 백번 말로 설명하는 것보다 모사품이나 사진이라도 상대방에게 한번 보여주는 것이 훨씬 나을 것이다.

  말보다 이미지로 표현하거나 견본(프로토타입)을 만들어 제시하는 것이 직관적이고 더 효과적이다. 더 직접적인 것은 실물을 보여주거나 스스로 경험하여 느끼게 하는 것이다. 사람은 보고, 듣고, 냄새 맡고, 느끼는 모든 감각으로 대상을 이해하기 때문에, 이미지로 표현하는 것뿐만 아니라 음악, 무용, 조각 등 감성으로 표현할 수 있는 방법은 다양하다.
  월트 디즈니 조 로드는 동물의 왕국과 같은 새로운 개념의 테마파크를 제안했다. 그때만 하더라도 실제 살아있는 동물들 사이를 돌아다니며 구경하는 테마파크 개념(사파리)이 없었던 시절이므로 담당자들의 엄청난 반대에 부딪혔다. 아무리 테마파크 개념을 설명해도 믿지 못하자, 회의실에 직접 살아있는 호랑이를 데리고 왔다.

마트의 시식코너도 마찬가지다. 음식을 보기만 한들 맛을 이해하기 어렵기 때문에 그 음식을 직접 먹어보고 사도록 유도하는 것이다. 사람들이 직접 체험하고 느낄수록 구매 확률은 더 높아진다. 쇼윈도에 판매할 제품을 전시하는 것이나, 자동차를 시승하게 하는 것도 직접체험의 기회를 줌으로써 판매량을 늘리려는 이유이다.

6 : 주변 사물과 현상으로부터 유추하기

    창의적으로 생각하는 방법으로 주변 사물과 현상으로부터 유추하는 방법이 있다. 존재하고 있는 사물이나 현상으로부터 유추하여 다른 상황에 적용하는 방법이다. 유추는 '복잡한 현상들 사이에서 기능적 유사성을 찾거나, 일치하는 내적 관련성을 알아내는 것'을 말한다. 유추는 기존에 알고 있던 정보나 지식을 잘 사용하여 비슷한 것을 추측해낼 수 있는 능력으로서 기존 지식을 기반으로 새로운 것을 만들어내게 한다.

:: 자연현상을 자세히 관찰하여 내 분야로 가져온다

    우리가 유용하게 활용하고 있는 과학은 대부분 자연현상으로부터 영감을 얻어 유추함으로써 발명한 것들이 많다.

원래 존재하고 있는 사물이나 현상 자체를 다른 상황에 그대로 적용하고 유추하여 새로운 것을 만드는 것이다.

자연현상으로부터 영감을 얻어 유추하여 새로운 발명품이 만들어진 예는 무궁무진하다. 주변 사물이나 자연현상을 자세히 관찰하면 창의적 생각을 할 수 있다.

1818년 영국의 건축가 마크 브루넬은 터널굴착기를 발명했다. 그는 어떻게 하면 수중터널을 뚫을 수 있을까를 고민하던 중, 조선소 안을 거닐다가 구멍이 뚫려 있는 나무판자를 발견했다. 배좀벌레 조개가 나무속을 갉아 먹으면서 구멍을 뚫어 놓은 것이다. 배좀벌레 조개는 두 장의 껍데기로 몸을 가리고 있으며 껍데기 가장자리는 톱니모양으로 되어 있는데, 톱니모양을 180도 회전시켜 나무를 갉아먹는 것이었다. 배좀벌레 조개가 나무를 갉아 먹는 것을 보고 터널굴착기를 발명한 것이다. 구멍 뚫린 판자와 벌레를 지나치지 않았으며 유추하여 굴착기를 발명한 것이다. 굴착기의 발명으로 인해 1825~1843년 영국 런던의 템스 터널이 개통되었다.

또 다른 예로서, 박쥐는 초당 190번 발사되는 고주파로 물체를 인식한다. 박쥐로부터 레이더가 발명되었으며, 1775년 미국의 데이비드 부시넬은 물 위에 떠가는 술통을 보고 유추하여 잠수함을 발명했다.

그뿐만 아니라 20세기 초 덴마크 물리학자 닐스 보어는 원자의 핵 둘레를 도는 전자들은 일정한 궤도를 가지고 있으며, 전자들은 한 궤도에서 다른 궤도로 이동할 수 있다는 전자궤도 모델을 발견했다(1913년). 이 모델은 태양을 중심으로 돌고 있는 행성들로부터 유추하여 모델을 발견한 것이다

1941년 스위스의 공학자 조르주 드 메스트랄은 알프스 개를 데리고 사냥을 갔는데 덤불을 지나가던 중 산우엉 가시에 찔렸다. 날카로운 가시 끝에는 작은 고리가 매달려 있어 잘 떨어지지 않았던 것이다. 잘 들러붙는 특성을 가진 산우엉 가시로부터 벨크로(찍찍이) 접착포를 발명하였다.

:: 기존에 있었던 개념이나 원리를 내 분야에 적용한다

인간의 인지과정에서 의미 있는 역할을 하는 유추는 서로 다른 개념을 객관적으로 비교하여 비슷한 것을 찾는 방법이다. 이미 다른 영역에서는 알려진 내용이지만, 우리 분야에서 사용하지 않은 내용이라면 새롭게 적용함으로써 새로운 것을 만들어 낼 수 있다.

헨리 포드는 시카고 도축장의 고리에 매달린 돼지를 보고 3차 산업혁명이 일어난 계기가 될 정도로 놀라운 발명품인 "컨베이어 벨트"를 만들게 되었으며(1912년) 대량생산으로 이어졌다.

프랑스 화학자이며 화가인 니콜라스 자크 콩테[22]는 쉽게 부러지는 흑연을 강하게 할 방법을 연구하던 중, 식탁 위에 놓인 "접시"를 보면서 흑연을 강하게 할 방법을 유추했다. 흑연을 불에 구워 1795년 강한 연필을 만든 것이다. 영국의 화학자 프리스틀리는 1770년 책상 위에 굴러다니는 고무를 문지르다 우연히 지우개를 발명했다.

에드워드 드 보노는, "유추는 상황을 바라보는 새로운 방식을 자극하는 도구"라고 말했는데, 연필이나 지우개 모두 다른 영역의 현상을 보고 영감이 떠올라 자기분야에 적용한 것이다.

---

22 14세기 이탈리아에서는 납과 주석을 혼합해 나무 판에 끼워 연필 대용으로 사용하다가, 1564년 영국에서 흑연이 발견되었고, 이를 더욱 발전시켜 연필을 발명했음.

7 : 다양하고 많은 질문하기

  인간을 위대하게 만들고 행복하게 만드는 "창의적 생각" 은 호기심을 갖고 주변상황에 대해 세밀히 관찰하며 끊임없이 질문하는 것이 중요하다. 호기심이 있어야 궁금한 것이 생기고, 궁금한 것이 있어야 질문도 하게 되기 때문이다.

  아리스토텔레스는 호기심이란 어떤 것의 존재나 이유에 대하여 궁금해 하고 알려는 것이며, 주변의 사물에 대하여 의문을 갖고 질문을 제기하는 태도나 성향을 말하는 것으로, 호기심과 질문이 창의적인 생각을 하는데 중요한 요소라고 강조했다. 아인슈타인은 특히 호기심의 중요성을 강조했는데, 생명과 놀라운 세상의 신비에 대해 누구라도 호기심을 갖고 이해하려고 노력하며 호기심을 잃지 말고, 질문을 멈추지도 말라고 하였다. 호기심은 그 자체로서 존재할 가치가 있다는 것이다.

모든 인류의 발명품은 사람과 자연현상에 대한 호기심과 상상으로부터 나왔다. 사람들은 멀리 있는 사람들 간에 서로 대화할 수 있는 방법이 없을까를 궁금해 함으로써 전화가 발명되었으며, 멀리 있는 곳에 쉽고 편하게 갈 방법이 없을까를 질문하면서 마차가 발명되었다. 마차를 더 편리하게 탈 방법을 연구하면서 자동차도 발명하게 되었으며, 날개는 없지만 사람도 새처럼 날 수 없을까란 호기심으로 시작하여 비행기가 발명된 것이다. 만약 사람들이 이런 호기심과 궁금증을 갖지 않았다면 새로운 발명품이 나오기는 어려웠을 것이다.

:: 끊임없이 호기심과 궁금증을 갖는다

주변 모든 현상에 관심과 애정을 갖는다면 그 현상에 대해 궁금증이 생기고, 궁금하니 질문하게 된다. 사람들의 성격, 특성, 취미, 행복에 관심을 갖거나 관계, 사회문제들에 대해 관심을 가져본다.

또한 주변의 꽃이나 나무, 산, 바다, 우주 등과 같은 자연현상에 대해 애정을 갖고 관심을 가져보자.

1) 끊임없이 질문하고 해답을 찾는다

지극히 당연하다고 생각해왔던 것에 의심을 갖고 다르게 생각하려고 노력한다. 당연한 자연현상에도 호기심을 갖고 끊임없이 질문을 한다. 질문에 어울리는 답이 아닐지라도 질문에 대해 이미 알고 있는 일반 상식이나 정보를 무작위로 쪼개서 질문에 대응시킨다.

질문에 어울리지 않은 대답들일지라도 질문에 대답하고 유추하여 생각한다.

2) 많은 지식을 습득하고 궁금해 한다

많이 알면 알수록 궁금한 게 많아진다. 아는 게 없으면 무엇을 질문할지도 모르고, 궁금한 게 없으니 질문할 것이 없다. 그래서 질문을 하려면 호기심이 선행되어야 하고, 보고 듣는 것이 많으며 아는 것이 많아야 호기심도 생긴다.

3) 문제의 원인을 파악할 때까지 끊임없이 질문한다

2차 세계대전 중 전투기가 격추되는 것을 막기 위해 방탄재를 씌우기로 결정했다. 전투기는 다른 부분에 비해 날개 사이에 총탄자국이 비교적 적은 것을 발견하였다. 왜 다른 부분에 비해 전투기 날개와 꼬리날개 부분이 총탄을 덜 맞았을까? 일반적으로 총탄자국이 많은 부분에 방탄재를 씌워야 덜 격추될 것이라 생각한다.

지속적으로 질문하면서 원인 파악에 들어갔다. 총탄이 왜 날개 부분에 덜 맞았을까? 전쟁에서 돌아온 전투기를 조사

분석하며 끊임없는 질문한 끝에 결론을 내렸다. 전투기의 날개가 아닌 부분에 총탄을 맞은 전투기들은 무사히 귀환했으나, 상대적으로 날개와 꼬리날개 사이에 총탄을 많이 맞은 경우에는 귀환하지 못했다. 단순히 현상만을 보는 것이 아니라 끊임없이 질문해 보고 답해 보면서 역발상하며 전투기 격추율을 줄였던 사례다.

:: 좋은 질문을 한다

올바르게 질문하면 자연스럽게 답이 나오기 때문에 올바른 질문은 중요하다. 사람이 동물과 구별되는 이유는 사람만이 질문할 수 있는 능력을 갖고 있기 때문일 것이다.

인간의 대뇌 신피질은 2,000년 전에 새로 생겼는데, 이중 겨우 5%만 활용하고 있다고 한다. 오래된 뇌는 주로 동물과 비슷한 자고 먹는 본능에 가까운 기능을 하며, 새로 생긴 대뇌 신피질은 오래된 뇌를 통제하고 관리하며 질문하는 기능을 한다. 인간은 사람에게만 주어진 기능인 질문할 수 있는 능력을 갖고 있으므로 동물과 구별되었고 발전된 삶을 살 수 있게 된 것이다.

1) 어렸을 때일수록 좋은 질문이 중요하다

사람은 어렸을 때 어떤 질문을 받고 자랐는지에 따라, 어떤 질문을 하면서 컸는지에 따라 미래가 변한다고 한다. 그러므로 스스로 질문을 많이 하는 훈련을 한다면 새롭고 독창적으로 생각할 수 있게 된다.

대부분의 노벨상을 휩쓸고 세계 경제력을 휘두르는 유태인들은 질문을 매우 중요하게 생각하는 교육을 한다. 유태인 부모들은 학교에서 무엇을 배웠는지를 묻는 것이 아니라, 학교에서 어떤 질문을 했는지를 묻는다고 한다.

1944년 노벨 물리학상을 수상한 아이작 라비는 핵자기 공명을 최초로 발견하였다. 그는 어떻게 그처럼 독창적 생각을 하게 되었느냐는 질문에 어렸을 때부터 "오늘 선생님께 어떤 것을 물어봤니?"라고 매일같이 어머니께서 물어보셨기 때문이라고 대답했다고 한다.

현대 경영학의 아버지 피터 드러커는 13세에 필리글러 신부로부터 인생에 있어서 지대한 영향을 미친 질문을 받았었다. "죽은 뒤 어떤 사람으로 기억되기를 바라느냐?" 만약 50세 때까지도 이 대답을 못한다면 인생을 잘 못살았다고 봐야 한다는 말을 들었다고 한다. 질문 한마디로 인생이 좌지우지 될 정도로 질문은 중요하다.

질문은 성공적인 경영을 위해 리더가 꼭 갖춰야 할 덕목이라고 했다. 피터 드러커는 기업이 위기에 빠지는 이유가 잘못된 해답이 아니라 잘못된 질문을 했기 때문이라고 했다. '최고의 리더는 최고의 질문을 던지는 사람'이라고 한다. 어떤 기자가 그를 컨설턴트라고 부르자 자신을 "인설턴트 (Insultant)[23]"라고 고쳐 말했다고 한다. 그는 까다롭고 날카로운 질문을 던지는 것으로 유명하다.

현존하는 세계에서 가장 영향력 있는 경영 사상가인 짐 콜린스[24]도 성공하기 위해서는 모르는 것을 감추지 않고, 겸손하고 끈질기게 질문하는 습관을 기르라고 하면서 질문의 중요성을 강조하였다'.

2) 질문을 통해 스스로 대답할 수 있도록 한다

일반적으로, 우리는 남이 던진 질문에 답을 찾는 방법에만 익숙해져 있다. 질문은 창의성의 시발점이 되기 때문에 습관화하는 것이 필요하다. 질문하지 않으면 평생 남의 질문에 대답만 하게 살게 된다고 한다.

서양에서 뿐만 아니라 동양에서도 예로부터 질문을 중요시 여겼다. 철학자 소크라테스와 공자는 질문을 통해 제자

---

23 인설턴트(insultant)는 '모욕하다. 무례하게 굴다'라는 뜻의 'insult'와 'Consultant'의 합성어임.

24 짐 콜린스는 「성공하는 기업의 8가지 습관」의 저자이며, 현대 경영학의 아버지라 불리는 피터 드러커를 멘토로 두었다.

들을 가르쳤다. 질문에 의해 스스로 문제를 인식하고 해답을 찾아가는 방식이다. 소크라테스의 문답법은 상대가 말문이 막힐 때까지 집요한 질문을 통해 스스로 무엇을 모르는지 깨닫게 한다. 그 과정에서 수없이 많은 질문을 하고 처음 의식하지 못했던 새로운 질문을 찾아내는 것이다.

공자도 일방적 강의보다는 질문을 많이 사용했으며, 제자들에게도 질문을 많이 하도록 장려했다. 특히 일반적이고 범용적 얘기보다는 상대방의 성격과 특성에 맞춰 질문을 함으로써 마음까지도 움직일 수 있었다고 한다. 상대방 스스로 삶의 의미를 찾고 내부로부터 해답을 끌어내고자 질문한 것이다.

:: 가능한 한 다양하고 많이 질문한다

우리가 질문을 많이 하고 다양하게 하려면, 매일 새로운 질문을 하려고 노력해야 한다. 질문을 많이 할 수 있도록 자유로운 분위기를 만드는 것도 중요하다.

질문한다는 것은 궁금하다는 것이고, 궁금하고 알고 싶은 것이 있다는 것은 창의성이 있다는 증거이므로, 질문은 많이 할수록 창의적 생각을 하게 된다. 사람은 자기가 중요하다고 생각하는 것을 질문하기 때문에 질문하는 내용을 보면 그 사람의 내적 깊이도 알 수 있다.

1) 질문의 양을 늘린다

질문을 하기 위해서라도 생각이란 걸 하게 된다. 질문을 많이 할수록 이것저것 많이 궁리하게 되고 찾게 되며 알게 되는 것이 생긴다. 새롭게 알게 되면 눈과 귀가 열리고 아는 만큼 질문도 많아진다. 질문을 해야 답을 찾을 수 있으며, 질문을 많이 할수록 답을 찾기 위해 새로운 아이디어를 많이 만든다.

영국의 연구결과에 따르면[25], 뛰어난 협상가들은 정보를 구하고 확인하는 일에 38.5%의 시간을 쓰는데 비해, 일반 협상가들은 18% 이하의 시간을 쓴다고 한다. 뛰어난 협상가는 일반 협상가보다 두 배나 더 많은 질문을 하는 것이다.

- 나의 생각은 무얼까?
- 왜 그런 현상이 나타나는 걸까?
- 왜 그렇게 생각할까?
- 왜 그럴까?
- 왜 다른 걸까?

이와 같이 많은 질문을 하다 보면 스스로 답을 찾게 된다. 왜 그러한지를 끊임없이 질문하면서 답해야 하고 답하려면 생각해야 하기 때문이다.

---

25 영국 경제 심리학자이자 법학자인 잭 내셔의 저서「Deal(딜)」의 내용을 인용. "탁월한 협상가들은 시간의 38.5%를 질문과 답을 패러 프레이징 하는 데 사용한다"

2) 질문의 관점을 바꾼다

질문의 양을 많이 늘리는 것도 중요하지만, 다양한 관점에서의 질문도 중요하다. 다양하게 질문할수록 다양한 답을 얻을 수 있기 때문이다. 프랑스 철학자이자 평론가인 알랭(본명: 에밀 오거스트 샤르티에Emile Auguste Chartier)은 "단 하나만 생각할 때가 가장 위험하다"고 했다. 세상에 정답이 하나만 있는 것이 아니기 때문에 다른 정답을 찾아보라는 것이다.

다른 정답을 찾고자 노력할 때 비로소 새로운 생각이 떠오르게 되며, 하나의 정답이 아닌 다양한 관점에서 다양하게 생각할 때 여러 가지 정답이 나타날 수 있다. 질문을 많이 하게 되면 새로운 생각을 할 수밖에 없는 것이다.

3) 다양한 질문을 위해서 질문의 방식이나 표현을 바꿔본다

단답형 대답이 나오는 질문이 아니라, 여러 대답이 나올 수 있도록 '열린 질문'을 하며, 같은 문제라도 다르게 표현하여 질문하면 여러 가지 다른 대답을 얻게 된다. 다르게 표현하기 위한 방법으로 다른 의미가 없는지 문제를 다시 보고, 다르게 해석할 수 있지는 않은지 살펴본다. 다른 표현으로 질문함으로써 여러 가지 대답이 나올 수 있도록 질문의 방식을 바꿔 본다.

:: 좋은 대답을 얻으려면 올바른 질문을 한다

많은 질문을 한다고 무조건 좋은 것은 아니다. 좋은 질문이나 올바른 질문을 해야 올바른 답을 얻어낼 수 있기 때문이다.

핵심을 찌르는 질문과 끈질기게 질문하는 것으로 유명한, 포드 자동차 사장 도널드 피터슨(Donald Peterson)은 자동차 디자이너에게 질문을 했다. "지금 디자인하고 있는 자동차가 만족스럽다고 생각하는가?" 그러자 디자이너는 "맘에 들지 않는다"고 답했다. 피터슨은 "맘에 드는 자동차를 디자인하라"고 요청했으며, 디자이너가 자신의 맘에 드는 자동차를 개발한 것이 1963년에 나온 포드 선더버드 자동차였다. 포드 자동차는 이 모델로 1967년 GE를 추월하는 수익을 창출했다. "디자인에 만족하는가?"란 올바른 질문 하나로 기업의 위상이 완전히 바뀐 것이다.

좋은 대답을 얻으려면 좋은 질문을 해야 한다. 그렇다면 좋은 질문이란 어떤 것인가?

1) 질문은 의문사로 시작한다

무엇을(What), 어떻게(How), 왜(Why) 등과 같이 의문사로 시작한다. 의문사로 질문을 하면 상대방에게 어떤 선입관이나 편견에서 벗어나게 해준다. 질문할 때는 쉬운 단어를 사용하고, 단순하고 짧게 질문하며 핵심만 정확하게 질문한다.

2) 경청한다

질문하기 전에 잘 듣는 것이 중요하다. 잘 말하기 위해서는 잘 들어야 한다. 상대방이 말하는 동안 내가 할 질문 등 다른 생각을 하고 있기 때문에 경청을 어려워한다. 상대방의 이야기를 처음부터 귀담아 들은 후 질문을 하도록 한다.

3) 열린 질문을 한다(Open Question)

말하고자 하는 주제에 대해 "어떻게 생각하는가?", "왜 그렇게 생각하는가?"와 같은 열린 질문을 한다. 열린 질문은 "예/아니오"와 같이 단답형이 아닌 다양한 답을 기대할 수 있다.

4) 집요하게 왜(Why?)를 반복하여 질문한다

여전히 사람들은 첫 번째 "왜"를 질문하면 피상적으로 대답한다. 그러나 두 번째, 세 번째 반복하여 '왜'를 질문하게 되면 분석적으로 접근함으로써 문제를 해결하게 된다. 이 방법은 문제를 해결하고자 할 때 좋은 질문방법이다.

일본 도요타 회장 채드 홀리데이는 질문의 중요성을 강조하면서, '왜(Why)'를 5번만 반복하여 질문한다면 어떤 문제에 직면하든지 근본 원인을 밝혀내어 해결할 수 있다고 했다.

8 : 모순을 제거하여 문제 해결하기(TRIZ)

　창의적 생각을 하는 방법 중에 트리즈(TRIZ)[26]가 있다. 트리즈란 창의적 문제해결 방법론으로서, 가장 이상적인 결과를 얻기 위해 근원적인 모순을 찾아 해결책을 유추해내는 사고원리를 말한다. 트리즈는 원래 겐리히 알츠슐러가 1940년대 소련 해군에서 전 세계 특허 200만 건을 분석하던 중에 '모든 지식은 과거의 문제가 반복되고 공통의 법칙과 패턴이 있음'을 발견한 것이다.

　세상의 모든 현상에는 모순이 존재한다. 이것도 맞고 저

26　구소련 겐리히 알츠슐러에 의해 제창된 발명문제(혹은 창의 문제)의 해결을 위한 체계적 방법론(위키). 주어진 문제에 대하여 가장 이상적인 결과를 정의하고, 그 결과를 얻는 데 관건이 되는 모순을 찾아내어 그 모순을 극복할 수 있는 해결안을 얻을 수 있도록 생각하는 방법에 대한 이론으로 정의할 수 있다. 문제해결 방법 40가지 제안함.

것도 맞아서 어떤 것을 선택해야 할지 모르는 모순이 발생할 때, 그것을 해결하기 위한 방법론이 트리즈다.

트리즈는 모순된 문제를 찾아 모순을 제거하며 새로운 아이디어를 생성하여 실행함으로써 문제를 해결하는 창의적 문제해결 방법론이다. 트리즈 방법을 실행하는 절차는 다음과 같다.

1) 모든 문제에는 문제를 일으키는 모순이 존재함을 인식한다

모순에는 물리적 모순과 기술적 모순이 존재함을 인식한다. 물리적 모순은 하나의 특성이 서로 다른 목표를 동시에 만족해야 하는 것을 말하는 것으로서, 비행기 이착륙을 위해서는 바퀴가 필요하다.

그러나 비행 중에는 바퀴에 의해 저항이 생기기 때문에 바퀴를 없애야 한다. 어떤 때는 바퀴가 꼭 필요하기도 하고 또 다른 경우에는 불필요하기도 하다. 물리적 모순이 발생한 것이다.

기술적 모순은 서로 다른 기술적 특성이 충돌하는 것을 말하는 것으로 자동차의 출력을 높이면 연비가 나빠지는 것과 같은 것을 말한다.

2) 물리적 모순을 제거하기 위해, 시간의 분리, 공간의 분리, 조건의 분리, 전체/부분에 의한 분리 4가지를 활용한다

물리적 모순은 하나의 특성에 동시에 서로 다른 값을 갖는 모순을 말하는 것이므로, 시간의 분리, 공간의 분리, 조건의 분리, 전체나 부분의 분리를 통해 물리적 모순을 해결한다.

> **사례** 물리적 모순을 "시간의 분리"로 해결한 사례
>
> 건물을 지을 때 말뚝이 있어야 제대로 건물이 지탱한다. 말뚝을 땅에 쉽게 박기 위해서는 말뚝 끝이 뾰족해야 하지만, 건물의 무게를 견디려면 말뚝 끝이 무뎌야 한다는 물리적 모순이 발생한다. 두 가지 성질을 모두 만족하는 말뚝이 발명되어야 모순이 제거된다.
>
> 말뚝을 둥글게 만들어 땅에 쉽게 박으며 무거운 건물도 지탱하게 하여 모순을 해결했다. 또한 여러 가지 업무가 동시에 주어진 경우, 동시 처리가 어려우므로 시간대별 업무 처리하는 경우도 시간을 분리한 사례이다.

> **사례** 물리적 모순을 "공간의 분리"로 해결한 사례
>
> 조선시대 화승총은 총신의 길이가 길어야 정확도를 높일 수 있었으나 재장전 하는데 시간이 오래 걸린다. 재장전 시간을 줄이려면 총신의 길이가 짧아야 하고 정확도를 높이려면 총신의 길이가

길어야 한다.

총알과 화약을 분리하지 않고 하나로 일체화 시킨 후, 총구 뒤에서 장전시키는 방식으로 총신을 길게 유지시키면서 장전시간을 줄인 사례가 있으며, 냉장고의 냉동실과 냉장실을 구분하여 온도를 일정하게 유지하는 경우도 공간의 분리로 해결한 것이다.

사례 물리적 모순을 "조건 분리"함으로써 해결한 사례(첨가)

상반되는 요구를 조건이나 상황에 따라 분리해서 상반되는 특성을 모두 만족시키는 방법이다.

자외선 양에 따라 색이 변하게 만든 선글라스의 경우나, 은행이 신용도 높은 고객에게는 금리를 할인해 주고 신용도가 낮은 고객에게는 높은 금리를 받는 경우도 조건을 분리한 사례이다.

사례 물리적 모순을 "전체와 부분에 의해 분리"함으로써 해결한 사례

전체적 요구도 만족하면서 상반되는 부분적 요구도 만족시켜야 하는 경우이다.

구글 사이트 초기 화면(전체)에는 광고가 없지만 검색하기 시작하면 고객맞춤형 광고(부분)가 적용되는 경우이거나, 우리가 자주 사용하는 키보드에서 전체적으로는 작게 만들었지만, 자주 사용하는 키는 크게 만들어 사용하기 쉽게 만든 것을 알 수 있다.

3) 기술적 모순을 제거하기 위해, 발명원리[27] 40여 가지를 활용하여 새로운 아이디어 생성한다

기술적 모순은 서로 다른 두 개의 특성이 대치되어 충돌하는 모순을 말한다. 즉, 하나의 시스템에서 특성 A를 개선시키고자 하면 특성 B가 나빠지는 경우이다.

기술적 모순을 해결하기 위해, 분할, 추출, 국소적 품질(local Quality), 비대칭, 통합, 다용도, 포개기 등의 40가지 발명원리를 활용한다. 이러한 도구를 적절하게 사용하면 모순을 제거할 수 있다.

> 〔사례〕 기술적 모순을 "분할(SEGMENTATION)"로 해결한 사례
>
> 자장면과 짬뽕을 모두 먹기 위해 하나의 그릇을 분리하여 반반씩 담는 경우가 분할이며, 일반버스에서 앞문은 승차하는 사람들이고 뒷문은 하차하는 사람들로 문을 구분하는 것도 분할의 사례이다.

> 〔사례〕 기술적 모순을 "추출(EXTRACTION)"로 해결한 사례
>
> 에어컨은 실내에 두고 실외기는 건물 밖에 설치함으로 원치 않는 부분을 추출한 사례이다. 또한 스마트 폰에서 개인마다 필요한 앱만 다운로드(download)하여 사용하는 것도 추출의 사례이다.

----

27 트리즈 관련하여 사용된 용어정의나 사례는 모두 "한국트리즈협회"에서의 내용을 그대로 참조하였음

기술적 모순을 "국소적 품질(Local Quality)"로 해결한 사례

전체를 시원하게 하기 보다는 얼굴과 같이 부분적으로만 시원하게 만든 휴대용 선풍기의 경우나, 장애인 전용 주차장, 화장실과 같이 부분적으로 특정 고객을 만족시키는 방법이다.

기술적 모순을 "비대칭(Asymmetry)"으로 해결한 사례

주방에서 사용하는 고무장갑은 한 쌍으로 구성되어 있다. 그러나 일반적으로 오른 손잡이가 많아 오른손이 쉽게 구멍 나기 때문에 오른손을 한 개 추가하여 3개(오른손2개+왼손1개)를 하나의 제품으로 판매한다. 비대칭 발명원리로 새로운 제품을 만든 것이다.

기술적 모순을 "다용도(Multi-functionality)"로 해결한 사례

소위 우리가 맥가이버 칼이라고 부르는 다용도 칼은 여러 가지 기능을 수행함으로써 새로운 제품을 발명했다. 또한 3색이나 4색을 하나의 펜으로 만든 제품이거나 걸레슬리퍼도 다용도의 사례이다.

기술적 모순을 "포개기(Nesting)"로 해결한 사례

똑같은 생긴 인형이 크기만 다르게 포개어져 들어가 있는 인형인 러시아의 마뜨료시카 인형이 전형적인 사례일 것이다. 지시봉의 경우 지시하기 위해서는 지시봉이 길어야 하지만, 지나치게 길면 주머니에 넣기 어렵기 때문에 간단히 들고 다니기 위해서 포개기로 극복한 사례이다.

기술적 모순을 제거하는 방법으로 위에 사례로 나열된 방법 이외에도 선행 조치(Preliminary action), 사전 보상(Beforehand Compen- sation) 등 40여 가지가 있으므로 발명원리를 활용하여 모순을 제거함으로써 해결할 수 있는 도구들이다.

4) 기술적 모순은 40가지 발명원리([붙임1]참조)와 39가지 공학 모수로 구성된 모순행렬표를 활용한다

기술적 모순을 해결하고자 할 때, 모순행렬표(contradiction matrix)를 활용하면 좀 더 수월해진다. 모순행렬표는 힘, 강도, 온도, 신뢰성, 사용편의성 등의 39가지 특성들과 이러한 모순을 해결하고자 할 때 악화되는 서로 다른 특성을 나열하고, 각각의 경우에 해결할 수 있는 40가지 발명원리를 자주 사용되는 빈도에 따라 만들어 놓은 행렬표이다.

특허 발명원리에 의해 만들어진 트리즈는 고정관념이나 편견에서 벗어나게 해주고 문제를 창의적으로 해결해준다. 모순이 존재한다는 것은 문제가 존재한다는 것이고, 모순을 해결했다는 것은 문제를 해결했다는 것이므로 문제를 해결하여 행복하게 만든다.

9 : 한 번에 하나의 관점으로만
생각하기(Six Thinking Hat, SCAMPER)

창의적으로 생각하는 방법 중에 6가지 생각모자, 스캠퍼, PMI(Plus Minus Interest)와 같은 도구들은 잘 알려져 있으며 사용하기도 쉽다. 이 방법의 공통점은 한 번에 하나의 생각만 하게 해준다는 것이다. 사람의 뇌는 여러 가지를 동시에 생각하는 것이 어렵기 때문에 생각을 쪼개어, 한 번에 하나의 관점에만 집중하게 해준다는 장점이 있다.

이들 기법은 고정관념에서 벗어나 다양하고 새로운 아이디어를 제안할 경우에 사용하는 방법으로서 창의적 사고를 가능하게 한다.

:: 6가지 생각모자

6가지 생각모자(six thinking hat)는 에드워드 드 보노가 창의적 사고기법을 위해 제안한 방법이다. 우리가 모자를 쓸 때 여러 개를 한꺼번에 쓸 수 없듯이, 생각도 여러 생각을 동시에 하지 않는다.

한 번에 하나의 관점으로 생각한다면 논리적이고 수평적 사고를 할 수 있다는 개념이다. 수평적 사고란, 불가능하다고 생각되는 기존의 개념을 완전히 바꿔 아무리 어려운 문제라도 해결할 수 있다는 자신감으로 전환시키는 사고방식을 말한다.

생각모자는 빨간색, 흰색, 노란색, 검정색, 파란색, 초록색의 6가지 색깔로 이루어져 있다. 각 모자 색깔마다 각기 다른 관점에서 아이디어를 생성한다.

- 빨간색 모자: 문제에 대해 감정적이나 정서적 관점, 감정, 영감, 느낌에 대해 생각함.
- 흰색 모자: 중립적인 관점이나 객관적 관점, 추가나 비판하지 않고 사실에 초점을 맞춤.
- 노란색 모자: 문제가 나타내는 긍정적이고 낙관적인 관점, 긍정적
- 검정색 모자: 논리적이고 비판적 관점, 긴장감, 부정적
- 파란색 모자: 지휘자와 마찬가지로 전체 관점, 조절과 통제하는 역할.
- 초록색 모자: 남과 다른 생각으로 창의적인 접근. 풍부한 자연과 성장하는 식물을 상징함.

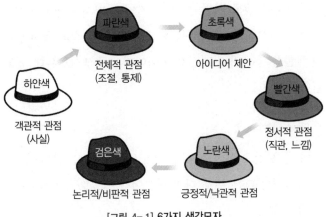

[그림 4- 1] 6가지 생각모자

:: 스캠퍼(SCAMPER)

스캠퍼(SCAMPER)는 알렉스 오스본(Alex F. Osborne)이 1950년 도에 질문지(체크리스트: Checklist) 76개를 기반으로 아이디어를 생성하기 위해 만들었으며, 1971년 애벌리(Bob Eberle)에 의해 7가지로 축약된 버전이 완성되었다.

스캠퍼는 강제적으로 아이디어를 떠오르게 하기 위한 연상법으로서, 어떤 사물이나 프로세스 등을 새로운 것으로 변경 및 변형하기 위한 아이디어 발상 기법이다. 브레인 스토밍(Brain Storming)이 사고의 제한 없이 아이디어를 마음껏 생성하는 것인 반면, 스캠퍼는 정해진 문제에 초점을 맞추어 문제를 해결해 나가는 방법이다.

아이디어 생성 기법 중 첫 글자만을 따서 스캠퍼(SCAM-PER)라 부른다. 모든 문제를 탐색해 보고, 스캠퍼 측면에서의 질문을 통해 새롭고 신선한 아이디어를 생성하는데 사용된다.

1) 대체(Substitute)

더 좋은 것으로, 또는 다른 것으로 대체할 수 있는가? 다른 사람이나 다른 무엇, 다른 성분이나 재료로 대체할 수 있는 것을 찾는다.

예 국수의 재료는 밀가루이지만 쌀로 대체해서 쌀국수를 만든다. 또는, 접시, 그릇, 젓가락, 수저 등을 플라스틱으로 대체해서 일회용품으로 사용한다.

2) 결합(Combine)

서로 다른 것들을 결합하거나 조합할 수 있는가? 혼합할 수 있는 방법이나 아이디어를 합한다면?

예 전화 + 메시지 + 음악 + 카메라 등의 기능을 결합하여 스마트 폰을 만들었으며, 복사기 + 프린터기 + 스캐너를 합쳐서 복합기를 만들었다. 스키와 서핑을 결합하여 수상스키라는 여름 스포츠를 만들었고, 빨강 + 파랑 + 검정 등의 볼펜을 1개의 펜으로 만들어 사용하거나, 자장면과 짬뽕을 하나의 그릇으로 먹을 수 있도록 만든 짬짜면도 결합의 좋은 예이다.

3) 적용(Adapt)

다른 사물이나 현상으로부터 아이디어나 컨셉을 가져와서 내 문제에 적용해 볼 수 있는가? 과거의 무엇과 비슷한가? 모방하거나 흉내 낼 수 있는 것은? 유추할 수 있는 것은?

예 식물의 씨앗이 옷에 들러붙는 현상을 활용하여 벨크로 찍찍이를 만든다거나 돌고래의 특성을 보면서 수중음파 탐지기를 만든다.

4) 수정(Modify), 확대 축소하기

문제를 해결하기 위해 특성이나 모양을 변경 및 수정할 수 있는 부분이 있는가? 용도나 모양을 확대시키거나 축소해 보면? 의미나 구성, 내용, 형태 등을 바꾸면? 더 강하거나 약하게 또는 더 많거나 적게, 더 길거나 짧게 한다면? 제품의 색깔, 소리, 향기 등을 바꾸면?

예 데스크탑 PC의 크기를 변경하여 노트북이나 테블릿 PC를 만들고, 휴대용 드라이기/휴대용 선풍기 등과 같이 휴대용 제품들은 기존의 것을 축소시켜 만든 제품들이다.

5) 다른 용도(Put to other use)

기존의 용도나 콘셉트 말고 다른 용도로 사용할 수 있는가? 모양이나 물건의 다른 용도는? 주변 환경이나 맥락을 바꾸면? 중의적 해석은?

예 불완전한 접착제를 포스트 잇이라는 메모 용지로 사용하고, 나무에서 나온 톱밥을 이용해 장작이나 가구를 만든다. 폐 타이어를 활용하여 어린이 놀이터의 기구로 사용한다. 천막으로 사용되던 천을 청바지로 활용하고 원래 물건을 저장하기 용도인 컨테이너 박스를 사무실이나 집으로 활용하기도 한다.

6) 제거(Eliminate)

근본적으로 문제 자체를 제거하거나 일부를 삭제할 때 새로운 것을 만들 수 있는가? 부품 수를 줄이거나 없앤다면? 더 가볍게 하거나 감소시키면? 이 물건을 없앤다면?

예 유선전화기에서 선을 없애 무선전화기를 만들었고, 휴대폰에 있던 자판을 제거하여 더 넓은 화면을 제공하였다. 가스렌지의 불을 제거하여 인덕션을 만들기도 했으며, 자동차의 지붕을 제거하여 오픈카를 만든다. 우유의 지방성분을 제거하여 저지방 우유를 만들거나, 씨를 제거하여 씨 없는 수박을 만든다.

7) 재배열, 거꾸로(Rearrange, Reverse)

주어진 것의 순서나 모양을 바꾸고, 재배열할 수 있을까? 더 나쁜 방향으로 역발상 해 보면 어떤가? 거꾸로 하면? 반대로 배열하면? 역할을 바꾸면? 원인과 결과를 바꾸면?

예 찬 공기가 아래로 내려간다는 일반 상식을 뒤엎고, 냉장고의 냉동실을 아래에 배치하여 출시한다. 김밥의 김이 안쪽에 있는 누드김밥이라든지, 케찹의 뚜껑을 아래쪽으로 만든 것이 거꾸로의 사례이다. 출퇴근 시간을 자유롭게 한 유연근무제(Flexible Time)라든지, 여름에 오히려 겨울상품을 판매하는 것 등이 거꾸로의 대표적 사례이다.

10 : 아이디어 생성을 위한 다양한 생각 기법들

:: PMI 기법(Plus Minus Interest) : 수렴적 사고기법

PMI 기법은 6가지 생각모자에 비해 간단하기 때문에 아이디어를 쉽고 빠르게 생성하고자 할 때 사용한다. 사람들은 비교적 냉정하고 객관적으로 생각한다고 하지만, 장단점을 얘기하다 보면 생각과 감정을 분리하기 어려워 둘을 섞어 얘기하는 것을 볼 수 있다. 이성적 생각과 느낌의 감정을 분리하기 어려운 것이다.

창의적 아이디어를 도출하기 위해서는 무엇보다 고정관념이나 감정과 같은 기존 생각으로부터 벗어나야 한다. PMI 기법은 기존의 생각을 분리함으로써 객관적이고 냉철한 판단을 할 수 있게 도와주는 기법이다.

PMI 기법은 새로운 아이디어를 생성하고자 할 때 활용할 수 있지만(확산적 사고), 주로 생성된 아이디어들 중에서 대안을 선정, 평가할 때 활용하기도 한다. 즉, 생성된 아이디어나 여러 가지 다양한 제안서, 연구 계획서 중에서 최적의 선택을 하고자 할 때 활용한다(수렴적 사고). 여러 가지 요인들이 혼합되어 있어서 무엇을 선택해야 할지 모를 경우에 각각의 생각 단계를 거치면서 최적의 판단을 하도록 한다.

브레인스토밍이나 6가지 생각모자, 스캠퍼 기법 등에 의해 생성된 아이디어들을 모두 실행할 수도 없으며, 모두 실행한다는 것이 의미도 없을 것이다. 그렇기 때문에 생성된 아이디어들 중에 현실적으로 실행 가능한 아이디어를 선정해야 한다.

생성된 아이디어를 선정할 때 단순히 좋고 나쁨으로 선택한다면, 정말 좋은 아이디어일수도 있는 것을 버리게 되는 실수를 초래할 수도 있다. PMI는 여러 가지 생성된 대안들 중에서 최적의 대안을 선택하도록 도와주는 기법인 것이다.

모든 일에는 장점과 단점이 동시에 발생하므로 좋은 점을 먼저 나열한 후 단점을 나열한다. 장점과 단점을 구분하여 생각함으로써 감정과 생각의 혼합을 배제한다. 장/단점을 찾은 후, 흥미로운 점을 찾을 때는 느낌이나 기분, 직관을 솔직하게 표현하는 것이 중요하다.

PMI 기법을 적용하는 절차는 다음과 같다.

1) 감정이나 기분을 배제하고, 먼저 좋아하는 것, 긍정적인 내용을 작성한다
   P(Plus): 아이디어에 대해 좋은 점 (왜 그것을 좋아하는가?)
2) 그 다음에는 좋아하지 않는 것이나 부정적 단점을 적는다.
   M(Minus): 아이디어에 대해 나쁜 점 (왜 그것을 좋아하지 않는가?)
3) 내가 발견한 흥미 있는 점을 기록하는 방법이다.
   I(Interest): 아이디어에 대해 발견한 흥미(기분이나 느낌도 표현)

저자의 회사에서 스마트워킹(Smart Working) 제도에 대해 PMI 기법으로 직원들의 의견을 조율한 적이 있다. 이 제도에 대한 장점이나 긍정적인 부분의 의견을 먼저 도출했으며, 그리고 단점 및 부정적 의견을 도출하기로 했다.

스마트워킹이란 집중근무를 위해 스마트 워킹을 신청하고 신청일/업무 내용/근무 장소 등에 대해 부서장의 승인을 받아 집이나 집 근처 스마트 워킹 센터에서 근무하는 것을 말한다.

출퇴근 시간을 절약할 수 있으며, 전화나 이메일 및 회의 등으로 인해 빼앗기지 않아도 되기 때문에 업무 몰입도가 증가, 스스로 업무를 계획할 수 있기 때문에 시간 절약, 나머지 시간은 개인시간으로 활용 가능 등이 장점으로 도출되었다.

단점으로는 개인 업무가 명확하지 않을 경우 실적에 대한 근거가 모호하다, 회의나 업체 방문 등과 같이 함께 해야 할 일을 계획하기 어려움, 주로 상사들의 의견으로 직원 복무 관리가 어려움 등이 나왔으며, 관심이나 흥미로운 것은 직원들은 대부분 긍정적이거나 반기는 반면, 상사들은 부정적인 면이 많다는 지적을 했다.

긍정 효과로는 모두 업무 집중도와 근무 환경 개선을 꼽았으나 스마트 워킹이 다소 오용될 소지를 가지고 있기 때문에 이에 대한 보완책 마련이 시급했다. 스마트 워킹 원래 취지에 맞도록 업무 내용을 명확히 작성하여 실적을 확인할 수 있는 업무로 조정하기로 하고 스마트 워킹을 시행하게 되었다. 시행 결과 직원들의 만족도는 높아졌으며 근무환경 개선으로 회사의 이미지도 많이 높아졌던 적이 있다.

:: 개인의 창의적 사고를 위한 도구들

1) 체크리스트(Check List)

핵심이슈와 관련된 목록을 미리 작성해 두고 단순히 예, 아니오 또는 점수를 나열한 검사표로서 문제발견과 문제해결 모두 사용할 수 있다.

하루의 계획표를 정해 놓고 실행 여부를 체크해 나가는

아주 단순하지만 확실한 방법이다. 계획대로 이행하지 못했을 경우 왜 못했는지, 그 때의 기분은 어떠했는지에 대해 간략하게 기록하면 문제를 해결하는데 도움이 많이 되는 방법이다.

2) 마인드 맵핑(Mind Mapping)

연상되는 단어를 떠올리고 이로부터 계속 새로운 단어나 아이디어를 생각해내는 방법. 새로운 아이디어나 대안을 생성하고자 할 때 주로 사용되는 기법으로서 하나의 주제에 대해 다양하게 생각하게 해준다.

3) 브레인 스토밍(Brain Storming)

가장 쉽고 흔하게 적용해볼 수 있는 것으로, 한 가지 문제에 대해 참여자 모두 자유롭게 아이디어를 제시한다. 짧은 시간에 많은 아이디어를 얻는 방법이다(주로 포스트잇 사용).

4) 브레인 라이팅(Brain Writing)

브레인스토밍과 유사하나, 아이디어를 말로 표현하기보다는 편지나 이메일과 같이 글로 써서 제시한다. 브레인 라이팅은 주로 주제에 대해 힘이 있거나 전문가 그룹에게 많이 적용되는 방법이다.

5) 결점/희망점/특성/속성 열거법

PMI 기법과 매우 유사한 것으로, 각각의 관점에서 생각하여 나열하는 방법이다.

[결점] 불편하거나 마음에 들지 않는 결점 나열
[희망점] 대상에 대해 바라거나 희망하는 점 나열
[특성] 대상의 명사적, 형용사적, 동사적 특성이나 특징을 나열
[속성] 주어진 문제에 대해 필요로 하는 물건의 다양한 속성을 작성

이외에도 창의적 아이디어를 생성하기 위해, 마치 사실인 것처럼 이야기를 꾸며 새로운 아이디어 생성 하는 방법인 "스토리텔링 방법"이 있으며, 창의적인 사람이나 가치 있는 기업을 선정하여 비교분석을 통해 전략이나 교훈 등을 그대로 따라 하는 "벤치마킹"도 있다. 또한, 주로 미래를 예측하기 위해 거시적으로 사회, 경제, 문화, 기술 등의 전반적인 동향을 파악하고 예상되는 시나리오를 작성하는 "시나리오 작성법" 등 다양한 도구들이 있다.

CREATIVITY

PART 5

창의성 훈련을 위한
실천방법

시작하는 방법은 그만 말하고,

이제 행동하는 것이다.

– 월트 디즈니 –

1 : 좌뇌-우뇌를 골고루 사용한다

우리 뇌는 자동적으로 과거의 경험에 바탕을 두고 사고를 시작한다. 처음 본 사람이라도 본인이 알고 있던 과거의 경험을 기반으로 어떤 사람일 것이라고 추측하는 것이다.

우리 뇌는 과거의 기억 속에 저장되어 있는 것들을 필요할 때 필요한 부분을 연결하여 끄집어낸다. 뇌는 한꺼번에 기억하지 않고 특징을 잡아 조합하여 패턴으로 기억한다. 문제의 핵심을 파악하고, 집중력, 기억력, 직관력 등 종합적 능력을 증진시킬 수 있는 장점이 있기 때문이다.

:: 기억력을 향상하려면 반복적으로 자극하거나 암기한다

뇌 속에 많은 내용이 저장되어 있으면, 과거 기억 속에 저장된 것들 중에서 상황에 적합하도록 선택적으로 끄집어내

는 데에 유리하다. 기억하고 있는 것이 많을수록 상황에 따라 현명하게 대처할 수 있다. 다음은 기억력 향상을 위한 방법들이다.

1) 들어온 입력 정보를 오래 기억하기 위해서는 반복적 자극이 필요하다

기억력 향상을 위한 반복적인 암기나 복습은 매우 좋은 방법이다. 공부를 잘하는 학생이 기억력이 좋은 것은 반복학습에 의해 많은 것을 기억장소에 저장했기 때문이다. 기억은 자극의 크기보다는 반복이 중요하며, 내가 하고 있는 일이 중요하다고 인식할 때 오래 기억한다.

2) 사물이나 현상에 대한 흥미를 갖는다

사람의 뇌는 흥미가 있는 곳에 강하게 집중한다. 흥미는 대뇌세포를 활성화하는 역할을 하여 기억을 오래할 수 있게 한다.

3) 많이 움직이고 운동한다

몸을 많이 움직이면 대뇌세포를 활성화시킨다. 앉아 있는 것보다는 걷는 것이 좋고, 땀 흘려 운동한다면 뇌세포의 단백질 합성이 활발해져 기억하는 데 도움이 된다.

4) 새로운 것을 많이 보고 많이 듣는다

기억은 우리의 생각과 행동에 지속적으로 영향을 미친다. 우리가 새로운 것을 보면 뇌에 강한 이미지로 남아 오래 기억할 수 있게 되는데, 새롭다는 것은 과거 기억에 없다는 것이다. 먹고 자는 기본생활을 비롯한 모든 정보들은 뇌에서 그때그때 처리해줘야 생존할 수 있다.

그런데 새로운 입력이 들어오면 기존 기억에 없기 때문에 새롭게 처리할 수밖에 없다.

새로운 사건이나 현상을 판단하여 행동하기 위해서는 기존 기억과 새로 입력되는 정보들을 상호 비교, 추론하여 새롭게 처리를 할 수 있게 한다. 이때 기억들의 연결과 조합을 통해 새로운 생각을 만들어내는 것이다.

:: 좌뇌, 우뇌를 동시 사용을 연습한다

창의력을 높이기 위해서는 좌뇌와 우뇌를 동시에 개발하는 것이 바람직하다. 다중지능이론을 주장한 하워드 가드너[28]에 따르면, 창의성은 좌뇌, 우뇌 어느 한쪽에 집중되어 있지 않다고 한다.

---

28 가드너는 다중지능이론을 개발한 학자로서, 하버드대학교 대학원 교수이자, 하버드대학교 심리학과 겸임교수, 보스턴 대학교 약학대학 신경학과 겸임교수, Harvard Project Zero의 추진위원장임.

사람의 뇌는 좌뇌와 우뇌 양쪽으로 나뉘어져 있는데[29], 좌뇌는 사물을 추리하고 문제를 분석하는 이성적 인식을 담당하며, 우뇌는 예체능과 관련이 있으며 감성적 인식을 담당한다. 분석적이고 체계적인 좌뇌와 감성적이며 직관적인 우뇌를 고루 사용하기를 강조했다.

1) 오감을 모두 사용하려고 노력한다

좌뇌 우뇌를 골고루 사용하는 것이 뇌 사용의 효율을 높인다. 뇌는 외부로부터 오는 감각자극을 받아들여 반응하는 과정에서 발달하므로 시각뿐만 아니라 청각, 촉각, 후각, 미각 등 오감을 사용해 전체적으로 정보를 받아들인다.

음악을 들으면서 글을 쓰고, 자기가 녹음한 것을 들으며, 이야기하면서 동시에 그림을 그린다. 좌뇌, 우뇌를 골고루 그리고 동시에 사용하는 것이 뇌를 덜 피로하게 하는 것이다. 요즘 카페에 가면 음악을 들으면서 책을 읽거나 공부하는 사람들을 간혹 본다. 우리 문화가 자연스럽게 좌뇌, 우뇌를 골고루 발달시키는 방향으로 변화하고 있다.

---

29 좌우뇌 이론은 1981년 미국의 노벨의학상 수상자인 Roger W. Sperry가 주장한 이론.
30 뇌는 체중의 1/50(약 1.4kg)이지만, 산소 소모량은 몸 전체 소모량의 1/5을 소모한다. 같은 무게의 근육과 비교했을 때 혈액 산소를 10배 더 사용한다(NAVER 참조).

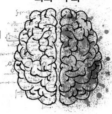

[그림 5- 1] 뇌의 구조[30]

좌뇌	우뇌
언어적/수렴적 사고	비언어적/확산적 사고
논리적, 수학적	공간적, 직관적
계열적, 순차적	은유적, 동시적
합리적, 기억	상상력, 감각적
분석, 정보	감정, 무의식
판단력	개방적
객관성	육감

2) 잘 쓰지 않던 몸을 의도적이라도 사용한다

평상시 잘 쓰지 않는 손이나 발을 사용하려고 노력해야 한다. 오른손잡이라면 왼손으로 양치를 하고 젓가락질을 하거나 가위질을 한다. 스마트폰을 빈번하게 사용하느라 고개를 앞으로만 숙였다면 고개를 뒤로 젖혀 자주 하늘을 바라본다.

3) 우뇌를 많이 사용하려고 노력한다

우리의 학교나 사회제도는 주로 합리적 사고를 요구한다. 좌뇌 사용이 많을 수밖에 없는 환경에서 뇌를 고루 사용하려면 의도적으로 우뇌를 사용하려고 노력하는 수밖에 없다.

위대한 수학적 업적이나 인류 문명에 공헌한 사람들은 좌뇌와 우뇌를 동시에 잘 사용했다고 한다. 숫자를 계산하거나 분석을 통한 판단보다는 시각화를 통해 판단하는 것이다.

19세기 최고의 수학자 중 한 명인 가우스는 대수학, 해석학, 기하학 등에 뛰어난 업적을 남겼다. 10살 때 선생님이 1부터 100까지 더하는 문제를 냈는데, 문제는 풀지 않고 장난치고 있는 가우스를 보고 혼을 냈더니 이미 문제를 다 풀었다고 했다. 선생님은 가우스의 답을 보고는 놀랐다.

$$1 + \quad 2 + \quad 3 + \cdots + 99 + 100 \quad \cdots\cdots\cdots\cdots(\lnot)$$
$$+) \ 100 + \ 99 + \ 98 + \cdots + \quad 2 + \quad 1 \quad \cdots\cdots\cdots\cdots(\llcorner)$$

$$101 + 101 + 101 + \cdots. + 101 + 101$$

(ㄱ)과 (ㄴ) 두 식의 합은 각각이 모두 101이고(1+100, 2+99,

3+98, …. 100+1) 이러한 것이 100개 있으며 이를 각각1/2로 나누면 5,050이 되는 것이다. 1 + 2 + 3 + … + 100 = (101*100)/2 = 5050. 계산한 것이 아니라 그림으로 인식하고 연속되는 숫자의 패턴을 찾아 등차수열을 만들어 냈다.

2 : 독서를 많이 한다

    일반적으로 창의성을 새롭고 독특한 것이라고 하지만, 그것만으로 창의성을 설명하기에는 부족하다. 창의성은 새롭고 독특할 뿐만 아니라 유용해야 창의성이라고 할 수 있다. 창의성의 대가인 아마빌은 창의성을 '새롭고 유용한 것'이라고 정의했으며, 전문지식이나 경험, 창의적인 사고, 동기부여가 있어야 창의적인 결과물을 창출할 수 있다고 강조했다.

    창의성은 새롭고 독특할 뿐만 아니라 사람들에게 유용하기까지 해야 창의성이라고 말할 수 있다는 것이다. 간혹 어린 아이들의 아이디어는 톡톡 튀지만 유용성이 떨어지는 경우가 있다. 유용하지 않으면 그냥 새롭고 재미있는 아이디어로 그칠 뿐이다.

    흔히 나이가 들면 모든 영역에서 보다 많은 지식을 얻지만 창의성은 줄어든다고 생각한다. 하지만 나이가 들면서 점차 세상에 대한 관심이나 호기심이 사라지기 때문인 것이지, 창의성이 줄어드는 것은 아니다. 세상에 대한 관찰과 탐구심을 버리지 않는다면, 경험과 지식을 바탕으로 젊을 때보다 훨씬 풍부한 창의적 결과물을 만들어낼 수 있다. 젊을 때보다 오히려 나이 들어서 위대한 업적을 낸 사람은 부지기수로 많다.

:: 관련 분야에 통달한 전문가일수록 창의력이 높다

창의성이 발현되기 위한 첫 번째 조건이 관심 분야의 통달, 즉 전문지식이다. 전문가라고 할 수 있으려면 그 분야에 대해 최소 10년 이상은 집중해서 공부하고 연구해야 한다. 오랫동안의 지식이 쌓이고 쌓여서 그 분야를 통달해야 한다.

어떤 분야든 지식이 전혀 없으면 아는 것이 없으므로 새로운 생각을 해내기 어렵다. 창의성은 기존 지식에 새로운 지식이나 경험을 더하는 것이므로, 풍부한 지식이 축적될수록 새로운 학습과 경험을 기반으로 창의성이 발휘되는 것이다.

세상에 아주 새로운 것은 없다고 한다. 이전 세대의 지식을 기반으로 다음 세대의 지식이 더해져 새로운 기술이 나타난다. 이를 기반으로 또 다음 세대가 지식과 경험을 더하여 인류는 점차 발전하는 것이다.

우리가 잘 알고 있는 갈릴레이, 다윈, 아인슈타인 같은 천재들의 획기적인 발견이나 발명들도 당대에까지 내려온 지식이나 이론을 바탕으로 변형하고 발전시킨 것이다. 기존 지식이 없었다면 아무리 뛰어난 천재라도 새로운 발견이나 발명은 어려웠을 것이다.

천재라고 하는 사람들조차 그 시대까지 내려온 기존 지식을 습득하고 있었어야 하는 것이다. 그들은 지식의 대부분을 책을 통해 습득했다고 한다. 책은 우리에게 그 동안의 누적된 지식을 가장 쉽게 습득할 수 있게 해준다.

에디슨도 자기 분야에서 전문가가 되기까지 오랜 시간이 걸렸다. 관련 분야의 기본 지식에 대해 끊임없이 배우고 익히며 실험과정을 반복한 후 전구를 발명한 것이다.

진공 상태에서 타지 않고 오래 지속할 수 있는 전구의 소재 개발이 그 시기에 중요했다. 새로운 소재를 개발하려면, 소재에 대한 지식과 화학에 대한 기본 지식을 알고 있어야 가능하다. 새로운 아이디어가 있더라도 기본지식이 없으면 적용하여 실험해 볼 수 없었을 것이다. 어떤 소재들이 있으며 소재 각각의 특성이 무엇인지 알고 있었어야 실험을 할 수 있었을 것이다.

우리 주위를 둘러보아도, 자기 분야에 전문가일수록 새로운 아이디어나 문제 해결 대안을 제시하곤 한다. 새로 들어온 신입사원들이 어린 아이들처럼 톡톡 튀는 아이디어를 제시하곤 하지만, 결국 실행력 있는 대안은 기존 직원의 아이디어에서 나오는 것과 무관하지 않을 것이다.

특히, 문제 해결을 위한 대안 제시는 더더구나 그 분야에서 오랜 경험을 갖고 있는 사람이 해결책을 제안하는 것을 종종 볼 수 있다. 아무 것도 없는 텅 빈 머리에서는 아무것도 뽑아 낼 것이 없다.

:: 독서는 창의력의 밑바탕이다

창의력은 자신이 가지고 있는 지식과 경험을 기반으로, 새로운 경험을 더해 또 다른 무언가를 만들어 내는 능력이므로, 지식을 많이 습득할수록 창의력이 향상될 가능성이 높아진다.

우리는 독서를 통해서 온갖 상상을 하고, 알고 있던 지식과 비교하며 유추하기도 한다. 책을 읽으면 뇌는 끊임없이 활성화된다. 어렵고 궁금한 것에 대해 호기심이 생겨 질문이 생기기도 하며, 책을 읽으면서 새로운 아이디어나 생각을 이끌어내 스스로 해결하기도 한다. 새롭게 알게 된 내용은 오랫동안 생각하며 감성을 간직하여 뇌에 기억되기도 한다.

새로운 지식과 다양한 경험이 창의성에 도움 된다고 하지만, 세상 모든 것을 다 직접 경험할 수는 없다. 책을 통해 우리는 가보지 못한 나라를 가 볼 수 있고, 생각지도 못한 새로운 사실을 알 수도 있다. 책을 통한 지식의 습득과 간접 경험은 창의력의 밑바탕이 되는 것이다.

운동도 기초체력이란 것이 필요하고, 건물을 짓더라도 기초공사가 중요하듯이 지식도 기초가 중요하다. 기초는 그야말로 밑바탕을 다지는 것이다. 밑바탕이 제대로 다져 있지 않으면 언젠가는 한계를 드러내고 무너지기 때문에, 무엇을 하든 기초가 중요하다. 기초가 튼튼할 때, 새로운 생각, 발전된 생각, 창의적 생각을 할 수 있게 되는 것이다.

1) 호기심을 갖고 기초를 튼튼히 학습한다

기초를 익힐 때는, 항상 "왜?"라는 호기심을 갖는다. 호기심을 갖고 질문하면 그 질문에 스스로 답을 찾으려고 노력하는 과정 속에서 몰랐거나 잘못 이해하고 있는 사실들을 새롭게 알게 되는 계기가 된다.

기초지식을 습득하기에 가장 좋은 방법이 책을 읽는 것이다. 독서는 새로운 지식이나 간접 경험의 폭을 늘리는 데 유용하며, 창의성을 넓히는 밑거름이 된다.

2) 막히는 순간이 오면 책을 많이 읽는다

어떤 일을 하던 중에, 한 발짝의 진도도 나가지 못해 고생했던 경험이 있을 것이다. 특히 화가, 미술가, 작곡가, 작가나 과학자 등과 같이 창의적 일을 하는 사람들이 더욱 자주 겪는 현상이다.

시나리오 작법과 스토리텔링의 대가인 로버트 맥키는 이런 순간이 오면 당장 도서관으로 달려가라고 한다. 충분한 지식 없이 일을 시작하면 금방 실력이 드러나게 되고, 더 이상 글을 쓸 수 없어 진도가 나가지 않는다는 건 지식의 밑천이 떨어진 것이기 때문이다.

창의성도 마찬가지다. 창의성도 누적된 지식과 경험이 있어야 창출되므로 지식의 깊이를 늘려야 한다. 아무것도 없는 것에서 창의성이 나올 수 없다. 개인의 지식을 기반으로 새로운 경험을 통해 창의적 생각을 할 수 있는 것이다. 독서는 이러한 배경 지식을 쌓는 기본 밑바탕이 된다.

3) 다양한 분야의 책을 읽는 것도 중요하다

다양한 종류의 책을 읽는 것은 창의성 향상에 도움이 된다. 평상시 즐겨보지 않던 종류의 책을 읽는다. 심지어는 광고, 잡지, 마케팅, 만화 등 다양한 분야의 책들은 경직되어 있는 내 생각을 유연하게 만들어 준다. 내 관심사와 직접 관런되지 않은 책일지라도 광범위하게 읽다 보면 우연히 좋은 생각이 떠오르기도 하고, 타 영역에서 사용하던 방법론이 나의 영역에서 훌륭하게 발휘될 수도 있기 때문이다.

글(Text)만 있는 책도 좋지만, 그림으로 구성된 미술책이나 사진만으로 구성된 책 등을 보는 것도 생각을 유연하게 하는 데 도움이 된다. 중요한 것은 내 분야가 아닌 다른 분야의 책을 다양하게 접하면서 새로운 생각과 시각을 갖는 것이다. 빌 게이츠도 매일 밤 독서를 했으며, 대중신문, 잡지, 주간지도 읽었다.

4) 좋은 책을 골라 읽는다

아무것도 하지 않으면 아무것도 생각나지 않으며, 쓰레기를 입력하면 쓰레기가 출력된다. 뇌 속에 좋은 입력을 넣으면 좋은 출력이 나올 것이다. 그러므로 좋은 책을 골라 읽는 것이 중요하다.

『생각의 혁명(Creative Thinking)』의 저자 로저 본흐는 '지식은 새로운 생각을 만드는 원료'라고 한다. 누적된 지식과 새로운 지식과의 연결과 조합을 통해 새로운 것을 만드는 것이기 때문에 지식이 많다고 모두 다 창의적이지는 않다. 많은 지식이 고정관념을 갖게 하므로 오히려 새로운 생각을 하는 데 방해가 될 수도 있다. 그러므로 세상에 널려 있는 정보들을 활용하여 좋은 책을 선별하여 읽는 것이 바람직하다.

과거에 지식을 많이 가진 사람이 인재였다면, 요즘은 급변하는 환경에 창의적으로 대처하는 사람이 인재다. 우리는 놀랍도록 빠른 기술의 발전으로 누구나 쉽게 고급정보를 얻을 수 있는 세상에 살게 되었으며, 이제 누구나 노력만 하면 고급정보를 쉽게 얻어 내 것으로 만들기가 수월해졌다. 지식이 고갈되었다면 텅 빈 뇌를 채우고 이를 기반으로 창의성을 발휘하고자 노력해야 한다.

3 : 집중하여 몰입하는 훈련을 한다

　창의성의 대가 칙센트미하이는 몰입(Flow)[31]을 통해 창의성을 향상시킬 수 있다고 한다. 몰입은 '해결하고자 하는 문제에 대해 깊이 파고들어가 지속적으로 생각하는 것'이며, 현재의 문제에 대해 깊숙이 생각하고, 창의적 생각기법(4장 참조)을 활용하여 새로운 생각을 만들어내는 과정이다. 집중적으로 생각하다 보면 어느 순간 문제가 해결되어 있는 것을 알게 된다.

　아인슈타인은 몇 달이고 몇 년이고 생각하고 또 생각했으며, 그러다 보면 100번째가 되어서야 비로소 맞는 답을 얻어

---

31 몰입(沒入)과 관련한 내용은 칙센트미하이의 저서 『창의성의 즐거움』(노혜숙 옮김)에서 참조.

냈다고 했다. 극도로 집중하여 연구한 결과이다. 모차르트 역시 밤새 잠도 안 자고 곡을 썼다고 하며 그 결과 600여 곡의 다작을 남길 수 있었다.

헝가리 출신의 폴 에어디시(Paul Erdos)는 논문 1,500여 편을 남긴 천재 수학자이다. 그는 70세가 되어서도 연간 50편의 논문을 발표할 정도로 열정이 있었는데, 매일 19시간씩 몰입하여 연구했다고 한다.

몰입에는 수동적 몰입과 능동적 몰입이 있다. 수동적 몰입은 의도하지는 않았지만 극도의 몰입상태에서 나오는 힘이다. 얼룩말이 사자에게 쫓길 때와 같이 목숨을 걸고 피해야 할 경우 나오는 현상이나, 한 발짝만 더 나아가면 낭떠러지로 떨어지는 절체절명의 위기에서 나타나는 몰입을 말한다.

능동적 몰입은 운동경기대회에서 결승전을 앞둔 운동선수나, 대학입학 시험처럼 큰 시험을 앞둔 수험생이 치열하게 집중하여 시험 볼 때 나타난다. 창의성을 발휘하기 위해서는 의도적 몰입상태를 자주 유지하는 것이 좋다.

:: 몰입하면 엔트로피는 낮아지고, 즐거움이 생긴다

몰입하면 인생의 즐거움을 느낄 수 있게 된다. 수동적 몰입은 주어진 환경에서 발생하기 때문에 우리가 어찌할 수 없으나, 능동적 몰입은 우리 스스로의 의지로 몰입 환경을 만들어 낼 수 있다.

미적분학의 창시자인 아이작 뉴턴[32]은 20세인 1665년에 사과가 떨어지는 것을 보고 지구 중력이 작용한다는 것을 알았다고 한다. 누구나 사과 떨어지는 모습을 보지만, 누구나 중력이 작용한다는 것을 알지는 못한다.

평소 물체의 끌어당기는 힘에 대해 의문을 갖고 몰두하고 있었기 때문에 사과 떨어지는 모습을 보면서 만유인력을 발견할 수 있었던 것이다. 먹지도 자지도 않으면서 극도로 몰입했던 뉴턴은 정신분열 증세를 보이기도 했다고 한다. 물체의 끌어당김을 알고 나서도 20년 이상 집중 연구한 끝에(1687년) 만유인력의 법칙을 담은『프린키피아』를 출간했다.

1) 능동적 몰입을 위해 주변 환경을 단순화한다

몰입하기 위해 주변 환경을 가능한 단순화시킨다. 천재들이나 한 분야의 전문가들은 생활이 매우 단조롭다. 쓸데없는 일에 마음을 쓰지 않기 위한 것이다.

페이스북의 창시자 마크 주커버그는 옷장에 회색의 티만

---

32 뉴턴은 지속적으로 연구에 매진했다. 그는 반사망원경을 만들었고, 연금술에도 몰두했으며, 당시에는 수학과 철학이 분리되어 있지 않았기에 수학과 함께 철학 분야인 성서까지도 연구했다.

수두룩하다는 것으로 유명한데, 업무에만 집중하기 위해 일상생활을 최대한 단순화한 것이다. 스티브 잡스 역시 청바지에 까만 티셔츠를 입고 연설하는 모습은 이미 익숙하며, 그가 애플에 왔을 때 수백 개 되던 프로젝트를 모두 없애버리고 4개만 집중하여 추진하였다고 한다.

일반적으로 회사에서도 여러 프로젝트를 추진해야 할 경우, 한정된 예산과 인력으로 작은 것들은 모두 없애고 중요한 프로젝트로 선택하고 집중하여 수행하곤 한다.

개인 입장에서도 하루에 마무리해야 할 일이 많을 경우, 자연스럽게 가장 중요한 일부터 집중 추진하게 된다. 사소하거나 자질구래한 일들은 없애버리고 가능한 일을 단순화시켜 정리하는 훈련이 필요하다.

2) 몰입하려면 치열하게 노력해야 한다

몰입을 할 때는 얼룩말이 사자에게 쫓길 때처럼 치열하게 생각하고 집중해야 한다. 새로운 생각이 어느 날 갑자기 떠오르는 것처럼 보이지만, 깊숙이 생각하고 지속적으로 고민하며 몰두한 끝에 "아하!" 하고 발견되는 것이다.

아르키메데스의 유레카 일화는 몰입의 대표적 사례다. 왕은 새로 만든 왕관이 진짜 순금인지 의심스러웠다. 순금인지 알아오라는 지시에 고민하고 있었으며, 심지어 목욕탕에서조차 고민하고 있었던 것이다. 몰입에 빠져 있었기 때문에 목욕탕이라는 생각도 잊은 채 부력의 원리를 알아낸 순간 탕 속을 뛰어 나온 것이다.

우리가 잘 아는 천재 화가 고흐, 진화론을 주장한 찰스 다윈, 양자역학을 확립한 닐스 보어 등 모두가 연구에 몰입한 끝에 역사적 결과물들을 창출한 사람들이다.

유태인의 교육은 몰입사고의 표본이다. 어렸을 때부터 생각하는 습관을 갖도록 유도한다. 끊임없는 질문을 통하여 생각하게 만들고, 반복 질문을 통하여 생각하는 것이 습관이 되도록 훈련한다. 몰입사고를 습관화하는 훌륭한 교육법이 있었기에 인구 1,400만 명밖에 안 되는 유태인이 현재는 전 세계 글로벌 경제를 쥐게 된 것이다.

IT업계의 글로벌 기업들은 대부분 몰입의 중요성을 이미 알고 몰입하기를 강조한다. 마이크로소프트는 집중적으로 생각하는 'Think Week(생각주간)'제도를 두어 있다. 'Think Week'는 1년에 한두 번 일주일동안 일상에서 벗어나 한 가지 아이디어에 집중하는 것을 말한다. IBM은 'Think Smart(스마트하게 생각)'라는 모토를 갖고 있다. 'Think Smart'는 말 그대로 지혜롭게 생각하라는 것이다. 3M사도 업무의 10%는 업무에서 벗어나 집중적이고 창의적으로 생각하도록 권장하고 있다.

3) 몰입은 나를 발견하게 하고 즐거움을 만든다

우리는 현재 엔트로피가 매우 낮은 사회에 살고 있다. 문명이 발달한 사회일수록 엔트로피(Entropy, 산만한 상태)는 낮다. 엔트로피가 낮은 사회에 살고 있으므로 개인은 그 사회에 적응할 수 있도록 개인의 엔트로피도 낮아야만 잘 살 수 있게 된다.

몰입은 고도의 집중상태를 말하는 것으로 엔트로피가 가장 낮은 상태이다. 뇌에서 도파민이 활성화되면 엔트로피가 낮아진다. 도파민은 어떤 것에 흥미를 느낄 때나 좋아하는 음식을 먹거나 사랑할 때 나오는데, 도파민이 생성되면 집중력이 증대되어 몰입하게 된다. 도파민은 뇌를 각성시켜 삶의 의욕과 쾌감을 일으키고 창조성을 발휘하게 한다. 그러나 도파민의 분비가 지나치면 환상과 환청, 중독, 정신분열증까지 나타날 수 있다. 몰입하게 되면 자신을 발견하게 되고, 자신의 한계를 돌파하게 되어 인생의 즐거움을 느끼게 된다. 결국 개인의 엔트로피를 낮추기 위해서는 지식을 축적하고 몰입을 통하여 창의력을 향상시켜야 한다.

① 몰입하는 처음에는 자기 자신을 살피게 된다.
② 그 다음에는 수많은 잡념과 고뇌, 번민, 해결해야 할 문제, 알고 있던 기존 지식 등을 생각한다.
③ 이런 다양한 생각들이 서로 뒤엉키면서 나를 발견하게 된다.

④ 자기의 현재상태에서 머무르지 않고 한계를 돌파하는 순간에 100% 이상의 능력을 사용하고 즐거움을 느낀다.

:: 몰입적 사고를 훈련하는 방법

창의력을 향상시키기 위해서는 몰입적 사고를 훈련하는 것이 필요하다. 문제가 발생했을 때 이를 해결하기 위해 활용할 수 있는 훈련방법이다.

1) 몰입을 습관화한다

몰입을 습관화하여 훈련한다. 99도의 물은 뜨거울 뿐 끓지 않는다. 100도가 되어야 비로소 물이 끓는다. 마찬가지로 가끔씩 몰입해 보는 것으로는 몰입되지 않으며, 매일 쉬지 않고 치열하게 훈련해야만 임계점을 넘어설 수 있고 그때가 되어서야 몰입상태가 된다.

몰입을 위해 첫째, 명확한 목표가 있어야 한다. 목표가 명확하지 않으면 몰입하기 힘들다. 목표를 세울 때는 구체적이고 측정 가능하도록 목표를 수립한다.

둘째는 나의 능력과 도전하고자 하는 일의 난이도를 조화시킨다. 내 능력이나 역량을 정확히 파악하여 도전하고자 하는 목표달성의 난이도를 조절한다.

셋째는 목표를 달성했을 때 가능한 한 빠른 피드백을 만들어 놓는다. 우리가 게임이나 도박에 쉽게 빠지는 것은, 게

임하는 매 순간 피드백이 즉시 돌아오기 때문이므로 목표
달성시 적절한 피드백을 만들어 놓는다.

2) 집중할 수 있는 환경을 조성한다

불필요한 외부정보를 차단하고 혼자만의 공간을 만든다.
걱정이나 근심은 몰입을 방해하는 요소이므로 제거한다. 무
엇이든 할 수 있다는 긍정적 자신감을 갖고 최상의 컨디션
을 유지한다. 몰입하려고 하는 주제에 대해 생각을 천천히
시작하고, 목표가 실현된 모습을 상상하면서 최선을 다해
몰입한다.

3) 처한 환경에 따라 몰입방법을 달리한다

황농문 교수는 자신의 저서『몰입』에서 사람마다 처한 환
경이 다르므로 그에 적합한 몰입방법을 사용해야 한다고 강
조한다. 몰입의 결과보다는 몰입하는 과정이 더 중요하고,
성공하지 못했더라도 좌절할 필요가 없다고 강조한다.

:: 직장에서 몰입하는 방법

직장에서 문제를 해결하기 위한 방법으로 몰입은 아주 좋
은 방법이다. 몰입하려면 혼자만의 시간이 필요한데 직장에
서는 혼자만의 시간을 갖기 어려우며, 여러 가지 해야 할 일

들이 다수 주어진다. 주로 동시다발적으로 처리해야 할 문제가 빈번하게 생긴다. 몰입은 한 번에 하나씩 해결하는 것이 효과적이므로 여러 가지 일이 동시에 발생하더라도, 동시에 처리하려 하지 말고 하나의 일에만 집중하여 처리해 나간다.

∷ 공부에 몰입하는 방법

시험을 앞둔 학생이 무리하지 않고 시험공부를 할 수 있는 훈련방법이다. 시험공부를 할 때 땀이 나도록 하는 운동은 몰입에 도움이 된다. 몰입은 엔트로피가 낮은 상태를 말하는 것으로 도파민이 생성되어야 엔트로피가 낮은 상태를 유지한다고 했었다. 도파민은 수면 중에 생성되기 때문에 운동 후의 숙면은 몰입하는데 도움 된다.

공부한 것을 잘 기억해야 시험을 잘 볼 수 있으므로 기억의 저장도 중요하다. 그런데 뇌에서 장기기억의 저장은 수면 중에 이뤄지기 때문에 잘 자는 것도 중요하다.

시험공부를 할 때 해결방법부터 보지 말고, 몰입을 통해 다양한 방법으로 생각부터 해 보는 것이 중요하다. 예를 들면, 삼각형면적을 풀어야 하는 문제에서, 삼각형면적 공식을 배우지 않은 상태로 삼각형면적을 구하는 문제를 풀어보는 것이다.

지속적으로 집중하여 생각하고 또 생각하여 해결하려는 노력의 과정이 몰입이다. 시험공부를 할 때 몰입에 도움 되는 활동들은 다음과 같다.

- 충분히 잠을 자고, 땀나는 운동을 한다.
- 편안하게 문제에 대해 생각하지만 반드시 집중한다.
- 몰입할 대상을 자주 바꾸지 않고, 암기보다는 이해하려고 한다.
- 해답을 보지 말고 문제 푸는 훈련을 한다.
- 뇌는 큰 자극과 반복된 기억을 중요하게 여기므로 확실하게 뇌에 입력한다.
- 처음에는 10분간 집중하여 생각하고 점차 시간을 늘려 나간다.

황농문 교수가 제안하는 3일(72시간)간의 몰입훈련은[33] 다음과 같으며, 몰입상태에 도달했는지도 확인해 볼 수 있다고 한다. 즉, 내가 무엇을 해야 하는지를 알고, 얼마나 잘하고 있는지도 알며, 자신의 능력이 적절하고, 전념하여 추진하기 때문에 실패할 여유도 없고, 몇 시간이 마치 몇 분처럼 빠르게 흘러서 즐기면서 할 수 있는 상태가 되었다면 몰입상태에 도달한 것이다.

---

33 황농문 교수 저서 『몰입(Think Harder !, 2011)』에서 발췌.

① **첫째 날**
- 잡념을 털어내고 자세를 만든다.
- 생각하다가 기억하고 싶은 아이디어는 기록한다.

② **둘째 날**
- 아이디어가 움직이기 시작한다.
- 집중적으로 생각하는 것을 쉬지 않으며 집중 상태를 유지한다.

③ **셋째 날**
- 생각하는 재미가 솟구친다.
- 명상하듯이 집중된 생각을 계속하면 아이디어가 떠오른다.

4 : 관심을 갖고 관찰하며, 메모 습관을 기른다

모든 지식은 관찰에서부터 시작된다. 관찰은 끈기와 참을성을 기반으로 하며, 관찰을 통해 사물의 패턴을 구분하고 유사성과 특징을 이끌어내게 된다. 레오나르도 다빈치는 사람과 생활주변의 무엇이든 관찰했으며, 관찰을 토대로 만들어진 상상으로 새로운 작품을 탄생시켰다. 다양한 패턴과 독창적 자연현상 속에서 창의적 작품이 만들어졌다.

:: 관심을 갖고 꾸준히 관찰한다

관찰을 제대로 하려면 주변 사람이나 현상에 대해 무한한 관심을 가져야 한다. 관찰은 스스로 문제를 해결하려는 의지와 자발성이 필요하고, 다른 사람의 평가에 구애받지 않는 자신감이 필수적이며, 포기하지 않고 물고 늘어지는 근면성과 새로운 변화에 두려워하지 않고 기쁘게 받아들이는 개방성이 필요하다.

1) 꾸준한 관심으로부터 문제의식이 나온다

문제의식은 주위의 사물이나 현상에 대해 세심히 관찰하고 생각하는 데서 나온다. 관심을 갖고 있어야 문제의식도 생기는 것이다. 우선 주변에 대해 관심을 갖는다.

- 주위의 사물이나 현상에 좀 더 주의를 기울여 평소 같으면 그냥 지나쳤을 법한 것을 세세하게 파악하려고 노력한다.
- 사물이나 현상에 대해 유사점과 차이점, 독특한 특징 등을 찾는 훈련을 한다.
- 새롭게 연결하여 관련 지어본다.

2) 불만이나 불완전한 것들을 찾는 훈련을 한다

생산적이고 창조적인 사람들 대부분은 결점이나 결함 같은 것을 민감하게 찾아낸다.

19세기 영국의 의사 에드워드 제너는 천연두를 연구하고 있었다. 그는 천연두에 한번이라도 걸린 적이 있는 사람은 전염병에 안 걸린다는 것을 발견하였다. 천연두라는 병에만 집중한 것이 아니라 주변 환자들을 유심히 관찰한 결과 알아낸 것이다.

창의적인 사람들은 불만을 그대로 지나치지 않고 오히려 도전의 기회로 삼는다. 사회적 문제나 환경적 불만으로부터 무엇이 원인이었는지를 찾으려 노력하며, 해결책에 초점을 맞춘다.

따라서 불만이나 불완전한 것을 면밀히 살펴서 사실을 근거로 드러난 사실 이면에 숨겨진 의미나 원인을 찾으려고 노력한다. 심지어는 사람들의 토론 속에서도 새로운 아이디어를 발견하고자 관심을 갖도록 훈련한다.

:: 기억력을 믿지 말고 무조건 메모한다

떠오른 아이디어를 놓치지 않으려면 머릿속에 스쳐간 생각들을 그때 그때 메모한다. 기억력을 믿다가 너무 좋은 아이디어들을 놓치는 경우가 없기를 바란다. 메모는 기억보다 낫다. 머리에 떠오르거나 관찰된 것을 기록하는 습관은 창의력 향상에 도움이 된다. 중국 속담에 "아무리 기억력이 좋다 하더라도 희미한 잉크보다는 약하다"고 한다. 우리의 기억이 휘발성이라 쉽게 잊어버리기 때문에 메모를 해야 한다.

우리가 해결해야 할 문제들 중에는 금방 해결 가능한 것도 있지만, 때로는 오랜 시간을 필요로 하는 것들이 있다. 기록은 좀 더 나은 해결방법을 얻는 데 도움을 준다.

머릿속에 떠오른 의문이나 질문들을 틈틈이 기록한다.

『메모의 기술』저자 사가토 겐지는 "메모란 잊어버리지 않기 위해 하는 것이 아니라 기록하면 잊어버리지 않기 때문에 하는 것이다"라고 하였다. 기록한 것을 보면 나중에라도 다시 기억할 수 있기 때문에 메모가 중요함을 강조한 것이다. 작가들은 이야기 속에 재현할 수 있는 좋은 소재라 생각하여 대부분 메모를 많이 한다고 한다.

메모를 잘 활용하는 사람들 중에는 창의적인 일을 하는 경우가 많다. 우리가 알고 있는 천재들 중에는 잘 때 메모지를 옆에 두고 자던가, 주변을 잘 관찰하기 위해 늘 메모지를 가지고 다녔다는 사람들이 많다.

1970년 노벨 문학상을 받은 알렉산드르 솔제니친은, "나는 사람들로부터 들은 모든 것을 기록했으며, 그것으로 노벨 문학상을 받았다"고 했다. 『이반 데니소비치의 하루』나 『수용소군도』등은 사실을 기반으로 한 것으로 유명하다. 평소 모든 것을 습관처럼 기록했기에 사실적 작품을 만들 수 있었던 것이다.

천재들 중에는 특히 연구기록을 꼼꼼히 적는 사람들이 유독 많은 것을 알 수 있는데, 메모가 연구 아이디어의 보물 창고 같은 역할을 하기 때문이라고 티나실리 교수는 말한다.

KAIST의 배상민 교수는 기록이 새로운 것을 생각하게 만드는 트리거(trigger) 효과가 있다고 한다. 그는 자신의 모든 아이디어는 일기에서 나왔다고 한다. 그가 만든 롤리폴리라는 화분은 오뚝이처럼 물이 없으면 쓰러지고 물이 채워지면 똑바로 서 있는데, 사람이 배고프면 쓰러지는 모습을 비유하여 만들었다고 한다. 유학시절에 배고픈 것을 일기에 적어놓았는데, 그때 적은 일기가 트리거가 되어 롤리폴리 화분을 만들게 되었다고 한다.

웃을 일이 생겨 웃는 것이 아니라 억지로라도 웃으면 웃을 일이 생기듯이, 기록할 것이 있어야 기록하는 것이 아니라 기록하다 보면 기록할 일이 생기고 그로부터 새로운 아이디어가 생성되는 것이다. 우리는 잊지 않기 위해서 메모를 하지만, 메모를 하다 보면 새로운 아이디어가 생성되기도 한다.

5 : 낯선 곳으로 여행한다

　창의적 환경이 창의성에 영향을 미친다는 것을 아는 글로벌 기업들은 창의적 환경을 조성하기 위해 온갖 방법으로 노력하고 있다. 업무 중 일부를 아이디어 시간으로 할당한다든지 창의 방(Room)을 만들기도 하고, 회의시 일정 규칙을 주어 도전적이고 자율적인 아이디어가 나올 수 있도록 제도적 뒷받침을 하기도 한다.

　창의적 환경이란 것이 기업이나 조직에서만 필요한 것이 아니다. 개인의 창의성 향상을 위해서도 창의적 환경은 필요하다. 일반적으로 사람들은 새로운 변화를 원하지만 의지부족으로 자발적으로 무언가를 변화한다는 것이 쉽지 않을 때가 많다. 이럴 때 가장 쉽게 접근할 수 있는 것이 주변 환경을 바꾸는 것이다.

　환경의 변화는 새롭게 바라볼 수 있는 계기를 만들어준다. 책상에 앉아 책상위의 것들을 정리만 해도 상쾌해지고, 집안의 가구를 조금만 바꿔도 왠지 낯선 느낌을 받지 않는가?

창의적 생각도구들은 창의성 향상을 위해 꼭 필요한 기본 도구이다. 기법이나 요령을 익혔다고 능수능란하게 사용하지는 못한다. 창의적 생각도구를 자유자재로 사용하기까지는 훈련이 필요하다. 운전면허를 땄다고 바로 운전을 잘하지는 않는 것과 같다. 운전면허증을 따고 나서 오랫동안의 실전 연습을 해야 고속도로나 시내 한복판 등 어떤 도로가 나타나더라도 운전을 잘하게 된다. 따라서 주변 환경을 창의적으로 바꾸는 것이 창의 기법을 배워 적용하는 것보다 더 빠를 수 있다.

:: 여행을 많이 하고, 낯선 시각으로 본다

창의력은 사물이나 현상을 새로운 시각으로 바라볼 수 있는 능력이다. 현재 있는 장소로부터 벗어나 새로운 장소에 가는 것만으로도 새로운 시각의 기회를 만든다. 내게 익숙하지 않은 낯선 곳은 새로운 생각을 유도하고 새로운 관점을 만들어 준다.

과학자나 예술가들도 관찰의 경험을 늘리고 새로운 시각으로 보기 위해 여행을 한다고 한다. 여행을 통해 새롭게 경험하고 새로운 자료를 모으는 것이 창의성을 향상하는데 유용하기 때문이다.

1) 현재의 장소에서 벗어나 여행한다

현재 있는 장소로부터 벗어나 낯선 시각을 갖기 위해 가본 적 없는 새로운 장소를 찾아간다. 콜롬비아 경영대학원의 아담 갈린스키[34] 교수는 다른 나라, 다른 문화권에서의 경험이 인지적 유연성(cognitive flexibility)을 기르고, 이질적인 것들을 연관 짓는 사고를 하는 데 도움 된다고 했다.

여행은 우리에게 새롭고 낯선 경험을 선물한다. 새로운 곳에서 새로운 친구를 사귀고, 해보지 못한 경험을 하는 것이 여행의 즐거움이고 장점인 것이다. 여행은 다양한 사람들을 만나고 색다른 경험을 할 수 있기 때문에, 매일 똑같이 반복되는 일상에서 벗어나 신선한 자극이 된다.

우리의 뇌는 외부로부터의 끊임없는 자극을 통해 활성화되고 발달한다. 입력이 똑같으면 기억되어 있는 출력을 내보내면 되기 때문에 뇌는 새롭게 저장할 것이 없다. 새로운 입력이 들어올 때 비로소 기존 기억과의 연결 조합을 통해 새로운 입력을 저장하고 생성하려는 노력을 한다.

그러므로 낯선 곳에서의 새로운 감상과 경험으로 뇌는 새로운 처리가 필요하다고 여긴다. 기존 기억에 없던 낯선 것

---

34 Brent Crane이 뉴스페퍼민트에 "For a More Creative Brain, Travel" 기고(2015.6.15) 참조.

을 처리하는 과정 속에서 창의력이 길러지게 된다. 새로운 장소에서 새로운 경험을 하게 되면, 새로운 관점을 가질 수 있는 계기가 되는 것이다.

2) 직접 체험하는 여행을 한다

여행을 많이 한다고 창의성이 무조건 높아지는 것은 아니다. 해외여행은 낯선 문화와 사람을 만날 수 있는 좋은 기회지만, 현지 문화를 접하고 그곳 사람들과 소통할 기회가 많지 않은 여행은 별로 도움이 안 된다. 해외여행을 가서 단체로 안내원을 따라만 다닌 여행과, 개인이 여행계획을 세워 새롭게 경험하고 고생이란 고생은 다했던 여행을 비교해 보면 느낄 것이다. 어떤 여행이 기억에 오래 남는가?

다른 언어와 문화를 직접 경험해 보는 여행일수록 낯선 것에 노출될 기회가 더 많다. 낯선 사람들을 많이 만나고 그들의 문화나 삶 속에 들어가 생활하는 여행일수록 더 좋다. 경치와 오감을 자극할 수 있는 여행일수록 의미가 있다.

요즘의 젊은 청년들은 교환학생으로 해외를 가거나 인턴십 또는 워킹 홀리데이 등 해외 경험을 많이 한다. 단순한 여행보다 그들의 문화를 느끼고 함께 어울리며 경험할 수 있다는 것이 매우 긍정적이다. 에디슨도 열차 판매원 또는 전화국에서 일했던 경험 등으로 전기지식을 습득했다고 한다.

학교에서 배운 이론적 지식보다 회사에서 업무를 통해 익히는 지식이 더 활용성이 높은 것과 같다.

3) 국내라도 가보지 않은 곳을 개척하여 여행한다

꼭 해외여행만을 고집할 필요는 없다. 우리와는 다른 언어와 문화를 느낄 수 있는 해외경험이 좋겠지만, 국내 여행이라도 내게 익숙하지 않은 낯선 곳에서의 생활이라면 창의성 향상에 도움 된다.

낯선 장소로의 여행이 좋은 이유는, 끊임없이 뜻밖의 일들이 나타나기도 하고 가보지 않은 길을 가야 하기에 미지의 사건을 끊임없이 개척해야 한다. 생각도 행동도 저절로 창의적일 수밖에 없다. 낯선 환경은 새로운 영감과 창의성을 발현시키기 때문에 새롭고 참신한 아이디어가 생성된다.

어니스트 헤밍웨이의『노인과 바다(1952년)』, 올더스 헉슬리의『멋진 신세계(1932년)』, 마크 트웨인의『톰소여의 모험(1876년)』 등은 그들이 낯선 곳에서 겪은 경험에 영감을 받아 쓴 작품들이다.

토목기사로 일하면서 이탈리아 전역을 다녔으며, 로마, 프랑스 등을 돌아다녔던 레오나르도 다빈치나, DNA 이중나선 구조를 밝힌 프란시스 크릭 또한 여러 나라를 돌아다니며 다양한 문화를 경험했던 학자다. 여러 문화와 다양한 경험은 그들의 작품소재가 되어 창의적 결과물을 만들어 준 것이다.

:: 나를 둘러싼 주변 환경을 낯설게 조성한다

창의성은 서로 관계없는 것들끼리 연결시켜 조합하는 능력이다. 요리를 만들더라도 재료가 있어야 요리를 만들 수 있듯이, 창의성에도 재료가 필요하다. 창의성에서는 개인의 지식이나 경험들이 재료에 해당된다. 재료가 많고 다양할수록 다양한 창의성을 만들 수 있다. 다양하고 많은 여행경험들이 풍부한 창의성 재료가 될 것이다.

직간접적으로 새롭게 보고 듣고 느낀 경험으로부터 창의성이 발휘되기 마련이다. 다양한 경험을 쌓은 사람이 하루종일 아무것도 안 하는 사람보다 경험치가 많으므로 창의적일 확률이 높은 것은 당연하다. 다양한 여행으로 수많은 경험을 누적시키는 것이 중요하나, 낯선 장소에 직접 가야만 많은 경험을 했다고 말할 수는 없다. 앞에서도 말했듯이 책이 훌륭한 간접경험을 제공할 수 있다. 책뿐만 아니라 TV나 각종 미디어 등도 간접 경험을 할 수 있는 좋은 재료들이다.

바다 속 물고기들이나 세계 오지체험들을 보여주는 TV나 동영상들은, 어떤 면에서는 직접 가서 체험하는 것보다도 훨씬 더 많은 것을 보고 익힐 수 있게 해준다. 직접 체험하는 것보다 마음껏 상상할 수 있는 기회가 되기 때문에 훌륭한 방법이다.

6 : 긴장감 자극을 위해,
환경을 제약한다

사람은 누구나 그 사회의 문화나 환경에 의해 영향을 받는 사회적 동물이다. 유태인들이나 헝가리언 현상과 같이 동시대, 같은 환경에서 집중적으로 천재들이 나오는 것이 우연이 아니다. 그렇기에 우리는 지금보다 더 많은 창조적인 사람들이 배출될 수 있도록 창의적인 문화와 환경을 조성하는 것이 필요하다.

기업들도 창의적 환경의 중요성을 깨닫고 다양한 제도를 통하여 자율적이고 창의적 환경을 조성하려고 기를 쓰고 있다. ㈜다음카카오는 서서 일하면 집중력이 향상되고, 시야가 넓어져 사고의 폭이 넓어진다고 하여 스탠딩 책상을 사용하고 있다. 킥보드를 타고 출근하는 것을 제약하지 않으며, 영어이름 부르기 등으로 회사 내 분위기를 자유롭게 만들고 수평적 사고 문화를 조성하려고 노력하고 있다.

최근 여러 기업에서 스마트 워킹(Smart Working)이나 자율근무제(시간을 유연하게 조정하여 근무)와 같은 제도들을 도입하고 있는데 이것은 자유롭고 창의적인 분위기 조성을 위한 기업들의 노력인 것이다.

:: 적절한 시간적·공간적 제약은 창의성을 향상시킨다

창의적 환경이란 어떤 환경을 말하는 것인가? 창의적 환경의 핵심은 독특함과 다양성을 인정하는 자율적인 분위기의 환경이다. 자연친화적인 색과 감각을 자극할 수 있는 공간이며, 모험심을 자극하고 즐거움을 경험할 수 있는 환경을 말한다.

창의성은 자율적인 분위기에서 토론하다가도 생성되고, 한가하게 멍~하니 있다가 불현듯 아이디어가 떠올라 창의성이 발현되는 경우도 있으나, 그런 창의적인 환경이 주어졌다고 반드시 창의성이 발현되는 것은 아니다.

때로는 창의적이지 않은 환경에서도 창의성이 발휘된다. 『인지니어스』,『스무살에 알았더라면 좋았을 것들』의 저자 티나 실리그 교수는 어느 정도의 제약은 오히려 창의성에 불을 붙이는 촉매제 역할을 한다고 말한다. 일정수준의 환경적 제약은 오히려 창조 작업을 하는데 필요하다. 긴장감을 자극하면 창의성을 높여주므로, 일정 수준의 제약과 긴장은 창의성의 원동력이 되기도 한다.

업무 마감일이나 시험일이 가까워올 때 오히려 반짝이는 아이디어가 생기며, 140자라는 제약에도 트위터는 재치 있는 글로 넘친다. 제한된 글자 수에 자신의 의견을 최대한 반영하려다 보니, 생각하고 또 생각하면서 자신이 얘기하고픈 생각을 최대한 정리하여 핵심만 표현하다 보니 놀라운 능력이 발휘되는 것이다.

1) 적절한 시간적·공간적 제약을 가한다

업무 마감일을 맞추지 못해 고민하다가도 마감일 하루전날 초인적인 힘이 생겨 완수해 내거나, 도무지 풀리지 않는 문제로 밤새 고민만 하다가 순간 기적처럼 아이디어가 떠올라 문제를 해결했던 경험이 있을 것이다.

우리는 넉넉한 예산과 한가한 시간이 주어졌을 때보다 적은 예산과 인력으로 문제를 해결하라는 도전적 지시를 받았을 때, 문제를 해결하기 위해 온갖 다양한 방법을 동원한다. 이가 없으면 잇몸으로 씹는다고 하지 않던가? 주어진 자원이 부족하여 상식수준의 방법이 통하지 않을 때, 우리는 문제해결을 위해 고민하고 생각하는 과정에서 창의성이 생기는 것이다.

컴퓨터 과학자이자 수학자인 도널드 어빈 크누스는 저서 『컴퓨터 프로그래밍의 예술(The Art of Computer Programming)』에서 "내 생애 가장 창의적이었던 일들은 가장 많은 제약과 잡무로 치이고 있었던 시기에 일어났다. 1967년은 인생에서 가장 정신없던 시절이었지만 가장 중요한 연구업적을 평가받은 시절이다."라고 회고하고 있다. 경험적으로 안정적인 생활보다 형편없고 힘든 상황 속에서 창의력이 솟아났다고 했다.

천재적 물리학자 리처드 파인만도 같은 말을 하고 있다. 고등과학원의 과학자들에게는 엄청나게 자유로운 환경이 주어진다고 한다. 과학자들에게는 업무 마감시간이 없고, 반드시 수행해야만 하는 프로젝트도 없으며 자유롭게 하고 싶은 연구만 하면 된다. 자유로운 환경이었음에도 불구하고 아무 업적이 없었다고 한다. 수행해야만 하는 의무나 제약이 없으니 연구원들은 자유스런 환경을 그냥 누리기만 했던 것이다. 그렇다고 적정 수준의 제약이 창의적 환경에 도움이 된다는 것이지, 엄청난 부담과 압박이 필요하다는 것은 아니다.

2) 의도적으로 불확실한 환경에 내던진다

평소와 같이 늘 같은 일상을 보낸다면 기존에 알고 있던 지식과 경험으로 살아가는데 아무 문제가 없을 것이다. 예측 가능한 일들만 일어나기 때문에 새로운 생각이 필요 없을 것이다. 문제가 생기더라도 이미 알고 있는 해결방법들 중에서 최선의 것을 선택하면 가장 탁월한 선택일 가능성이 높다.

그런데 세상의 모든 것은 변한다. 세상에 변하지 않는 것이 없기 때문에 오늘의 일상이 어제와 똑같이 일어나지 않는다. 즉 예측 가능한 일들만 일어나지 않는다. 더군다나 최근에는 기술과 사회가 빠르게 변화하고 지식과 정보의 습득이 수월해진 대신 불확실성이 증가하여, 더 이상 기존의 지식과 경험으로는 해결할 수 없는 것들이 많아졌다. 불확실성 시대에 대응할 창의적 방안이 필요하다.

미국 조지아 교육심리학자 토랜스는 1950년 전투기가 추락하더라도 스스로 귀환할 수 있는 방법을 연구하고 있었다. 그런데 놀랍게도 귀환한 사람들은 대부분 창의적인 특성을 지닌 사람이었다. 전투기가 어디에 어떻게 추락하지 모르는 불확실한 환경에서 창의적인 생각으로 살아 돌아온 것이다.

추락한 전투기처럼 극한상황으로 몰지 않더라도, 창의성 향상을 위해 자주 불확실한 환경에 노출시켜 보자. 이때껏 경험해 보지 못한 새로운 환경에서는 새로운 생각을 할 수

밖에 없기 때문에 창의적인 사람이 된다.

불확실한 환경에 자신을 노출시키기 위해서는 실패를 두려워하지 않고 도전하는 용기가 필요하다. 실패는 성공의 어머니라는 진부한 말이 아니더라도, 아인슈타인이나 에디슨 등 창의적인 사람들은 모두 엄청난 실패를 경험했으며, 좌절하지 않고 성공을 이끌어 낸 사람들이다. 실패를 반복하는 것이 가장 빨리 성공하는 길이다.

불확실한 상황에 빈번하게 노출시키려면 실행도 중요하다. 계획이 아무리 좋더라도 실행하지 않으면 무용지물이다. 실패를 두려워하지 말고 무조건 저질러보는 것이 필요하다. 아무 것도 안 하는 것보다 실패라도 하는 것이 창의적인 사람이 되는데 도움 된다. 일단 실행을 해야 성공이든 실패든 결과가 나올 것이다. 여러 번 실패하게 되면 성공하기 위해 계속 다른 방법으로 시도할 것이다. 다른 방법으로 시도하려면 새로운 생각을 할 수 밖에 없다.

직장에서도 빈번하게 시도하여 많이 실패하는 사람이 결국 성공하는 것을 볼 수 있다. 프로젝트 제안서나 사업제안서를 제출해야 하는 업무가 주어졌다고 하자. 제안서에는 고객에게 유익하며 새로운 아이디어가 포함되어 있어야 통과할 수 있다. 생성된 수많은 아이디어들 중에 어떤 것이 통과할 수 있을지 모르기 때문에 가장 좋은 아이디어를 중심으로 제안서를 작성하여 보고한다. 하지만 제안된 아이디어는 통과하지 못했다.

지속적으로 아이디어들을 생성하여 연결하고 조합하여 새로운 제안서를 만든다. 이런 실패과정 속에서 별거 아니던 아이디어들이 다듬어지고 수정되어 그럴듯한 제안서로 만들어 질 것이다. 성공하려면 제안서가 통과될 때까지 계속 새로운 아이디어를 생성하여 제안하면 된다.

:: **약간의 소음**(약 70dB)**이 있는 환경은 창의성을 높인다**

일리노이 대학 라비 메타(Ravi Metha)교수의 연구결과에 의하면, 약간의 소음이 창의적인 생각을 하는데 도움이 된다고 한다. 조금은 시끄러운 곳이 뇌를 활성화시킨다는 것이다(컨슈머 리서치 저널에 게제). 적당한 소음은 뇌를 자극하므로, 조용한 사무실보다 약간의 소음이 있는 카페 같은 장소가 창의적인 환경인 것이다.

같은 대학의 임버 박사도 약 70dB(카페에서 들리는 음악이나 대화소리 정도)의 환경에서 작업한 사람들이 조용한 환경에서 작업한 사람보다 문제 해결력이 월등히 높다는 것을 밝혀냈다.

우리나라 사람의 경우도 서양과 비슷한 결과를 얻었다. 한국산업심리학회에 의하면, 카페 소음은 백색소음과 유사하여 심신을 안정시킨다(알파파)고 한다. 조용한 곳보다 소음이 있는 카페에서 집중력 47.7%, 기억력 9.6%가 향상되었고 스트레스는 27.1%나 감소되었다.

작가, 디자이너 등 창의적 업무에 종사하는 사람들이 조용한 도서관보다 카페에서 작업하는 것을 더 선호하는 사람들이다. 어니스트 헤밍웨이는 단골카페("라 클로즈리 데 릴라")에서 소설을 집필했으며, 해리포터를 쓴 조앤 롤링도 카페에서 주로 글을 썼다고 한다. 카페에서 발생하는 소음이 창의성을 높여준다고 하는 연구는 커피티비티(Coffitivity)라는 온라인 소음 업체까지 생기게 했다. 이미 우리나라에서도 카페에서 공부하거나 업무를 보는 사람들이 많아진 것을 볼 수 있다.

7 충분히 자고,
휴식하며 산책한다

충분히 자고 휴식하는 것도 창의성을 향상시키는 방법이다. 아무리 생각해도 문제해결의 실마리가 보이지 않을 때는 오히려 한 걸음 물러나 관망의 자세로 문제를 바라볼 필요가 있다. 해결해야 할 문제가 복잡하고 심각할수록 문제를 단순화시킨다.

때로는 현재의 문제와 전혀 관련 없는 다른 일을 하는 것도 좋다. 문서나 글을 몰두하여 작성하는 경우 오탈자가 있음에도 내 눈에만 안 보이는 경우가 있는가 하면, 바둑이나 장기 게임에서 훈수 두는 사람에게는 너무도 잘 보이는 수가 게임 당사자들만 못 보는 경우도 있다. 그 상황에만 매몰되어 있을 경우 다른 것이 보이지 않기 때문이다. 그러므로 이럴 때는 문제에서 벗어나기 위해 오히려 단순 반복적인 일을 하거나 차라리 휴식을 취하는 것이 창의적 발상에 도움 된다.

휴식을 취하는 방법은 다양하다. 잠을 자는 방법도 있고, 클래식 같은 음악을 듣거나, 천천히 걷는 것도 방법이다. 운동을 가볍게 하는 것은 뇌를 쉬게 해주는 아주 좋은 방법이다. 휴식의 방법들은 모두 뇌를 이완시켜 긴장을 풀고 정신을 안정시키는 것으로 창의력이 향상된다.

∷ 지혜롭게 잠을 자면 창의력이 향상된다

1) 잠을 충분히 잔다

잠을 충분히 자면 잠자는 동안 해마는 기억을 정리하여 튼튼하게 하고 기억을 창의적으로 변환할 수 있게 한다. 해마는 잠을 잘 때 낮에 경험한 것을 정리하고 통합하여 기억으로 저장하게 되는데, 약한 기억은 버리고 반복적이며 강한 기억을 장기기억에 저장하는 역할을 한다. 이때 세로토닌이 분비되어 우리를 즐겁게 해준다.

그런데 잠이 부족하게 되면 해마의 활동성이 떨어져 장기기억에 저장되지 못해 기억이 쉽게 끊어지고 잊어버리게 된다. 밤새 벼락치기 공부를 하거나 일시적으로 많은 양을 학습할 때 장기기억에 저장되지 않아 기억을 못하는 이유다.

또한 수면 부족은 뇌의 감정중추가 60%이상 과잉 활동하여 정서적 불안까지도 야기 시킨다(미국 버클리대학 연구결과).

2) 생각하면서 잠을 자면(선잠), 문제가 해결된다

잠자는 동안은 의식(깨어 있는 상태)이 없으나, 해마가 낮에 경험한 것을 장기기억에 저장한다. 잠에서 깨면 의식은 있지만 장기기억이 활성화되지 않기 때문에 기억하지 못한다. 그러므로 의식과 무의식(잠자는 상태)의 중간상태인 선잠상태에서 아이디어가 많이 나올 수밖에 없는 것이다.

잠을 자더라도 지혜롭게 잠을 자야 한다. 선잠상태에서 아이디어가 나올 확률이 높기 때문에 만약 해결해야 할 문제가 있다면 선잠을 활용한다. 잠자기 전에 그 문제를 계속 생각한다면 꿈속에서 해결방안이 나올 수도 있다, 이런 원리를 알고 있던 아인슈타인이나 에디슨은 늘 머리맡에 펜과 노트를 두고 잤다고 한다. 충분히 잠을 자고 난 후 깨는 순간의 선잠에서, 갑자기 떠오르는 생각을 잊지 않기 위해서 메모를 한 것이다.

역사적으로 유명한 작곡자나 과학자들 중에 꿈속에서 영감이나 힌트를 얻어 새로운 발견이나 발명한 사례는 많다. 이들은 몇 년씩 생각하고 고민하던 끝에 꿈속에서 영감을 얻어 해결했다는 공통점이 있다. 무조건 잠이 해결한 것이 아니라 오랫동안 고민하고 생각하여 이미 내 안에 있던 아이디어가 꿈이나 선잠을 통해 표현된 것이다.

비틀스의 노래 '예스터데이'는 폴 매카트니가 꿈에서 들었던 멜로디를 영감으로 작곡한 것이라고 하며, 고등학교 때 열심히 외워야 했던 주기율표는 러시아의 화학자 멘델레프(Dmitri Mendeleev)가 1869년 꿈속에서 자연의 질서가 펼쳐지는 모습을 보고 만들었다고 한다.

또한, 생리학자 오토 뢰비(Otto Loewi)는 신경세포들이 전기적 자극을 어떻게 전달하는지를 연구 고민하던 중에, 신경세포가 화학물질을 통해서 다른 신경세포로 전달되는 실험을 꿈속에서 보고 화학물질을 발견했다고 한다(1921년). 임진왜란 때의 이순신 장군도 왜군을 격퇴하기 위해 고심하다가 잠이 들었는데 꿈에 거북선을 보고 만들게 된 것이라고 한다.

3) 낮잠은 우뇌를 활성화시킨다

낮잠은 창의성과 밀접한 관련이 있는 우뇌 활동을 급격하게 활성화시키고, 잠을 자는 동안에 뇌에서는 세로토닌이 분비되어 기분 좋게 해준다. 하버드대 연구결과에 의하면, 하루 45분 낮잠을 잘 경우 뇌 기능이 크게 향상되고, 6분간의 짧은 낮잠이라도 기억력이 향상된다고 한다.

영국의 두뇌 과학자 빈센트 월쉬(Vincent Walsh) 교수에 의하면, 낮잠을 잔 사람이 자지 않은 사람에 비해 창의적 단어 시험에서 우월했으며, 낮잠을 30분에서 1시간 정도 잘 경우에는 스트레스도 없어지고 업무 효율이 향상된다고 한다. 낮잠이 기억력뿐 아니라 일 처리 능력까지도 향상시키는 것이다.

미국의 사라 메드닉크(Sara Mednick) 역시 같은 연구결과를 얻었는데, 낮잠은 주의력을 100% 향상시키고 지각력과 결단력을 향상시킨다. 낮에 잠시 조는 것은 밤잠을 잘 잔 것과 같은 효과를 나타내며, 한번 이상의 렘수면(REM Sleep)이 창의력을 향상시킨다는 결과를 얻었다.

처칠이나, 나폴레옹, 레오나르도 다빈치 같은 역사적 인물들은 밤을 새워 일하는 경우가 많았는데 밤잠을 적게 자는 대신 수시로 낮잠을 자는 것으로 부족한 잠을 해결했다고 한다. 우리가 많이 피곤할 때 5분이나 10분이라도 낮잠을 잔다면 기억력도 업무 능력도 향상시킬 수 있다.

:: 산책은 건강과 창의력을 향상시킨다

산책은 건강에도 좋고 뇌의 발달을 촉진시켜 창의력도 증진시킨다. 최근 스탠포드 대학에서는 사람이 앉아 있을 때보다 걸으면서 무언가 생각할 때 창의성이 평균 60% 증가한다는 연구결과를 발표했다.

평상시 사람은 혈액을 1분간 5리터(ℓ)를 보내는데, 걸으면

10배를 더 보내므로 뇌 활동을 활발하게 하여 머리도 맑아지고 뇌파가 안정되어 활력이 생긴다.

모든 근육신경은 뇌와 연결되어 있어서 걸으면 근육에서 나온 신호가 대뇌로 전달되어 뇌를 자극한다. 걷는 동안 뇌와 근육 사이에 복잡한 신호 교환이 쉴 새 없이 이루어지고, 다양한 신호교환과 자극에 의해 뇌 활동이 활발해져 창의적 생각을 하게 한다.

차이코프스키는 날씨에 관계없이 매일 2시간씩 걸었으며, 베토벤도 점심 후 규칙적으로 산책했다. 이들은 모두 걸으면서 새로운 영감을 얻은 것이다. 스티브 잡스와 마크 주커버그는 걸으면서 회의를 하고, 걸으면서 면접을 본다고 한다.

뇌 과학자이자 의학박사인 교토대학의 오시마 가요시 교수는 『걸을수록 뇌가 젊어진다』에서 웃으면서 걷고, 음악을 들으면서 걸으며, 사랑하는 사람과 걸으라고 권고하고 있다. 모든 일상생활을 걸으면서 하라는 것이다. 그는 걷기의 장점을 다음과 같이 말하고 있다. 걸으면 뇌를 활성화시켜 긍정적이 되고, 적극적이며 활발한 사고를 하게하며, 뇌에 활력이 생겨 뇌의 노화를 막아주고 젊어진다.

산책을 하거나 앉아 있을 때 음악을 들으면 기분을 전환시켜 창의력 향상에 효과적이다. 집중적으로 음악을 들으면, 뇌에서 새로운 신경회로가 만들어지고 여러 번 반복하면 장기기억에 저장되어 새로운 생각을 할 수 있는 기회를 만들기 때문에 집중적으로 음악을 듣게 되면 창의력을 향상시킨다.

:: 운동은 뇌를 행복하게 하고, 창의성을 높인다

운동을 시작하면 근육신경이 뇌에 전달되면서 신경전달물질인 세로토닌과 도파민이 분비된다. 세로토닌은 우울증과 불안감을 감소시키는 역할을 하고, 도파민은 뇌의 쾌락을 자극한다. 운동을 많이 할수록 뇌세포에 혈액과 영양을 활발하게 공급하여 노화를 막아주고, 쾌감의 강도는 점점 강해져 생활에 활력이 생긴다.

2011년 일리노이대학 연구에 의하면 하루 20분 이상의 가벼운 운동은 뇌세포의 성장과 유지에 도움을 준다. 산책을 하거나 자전거를 탈 때 좋은 아이디어가 나오는 것은 뇌가 운동영역을 사용하게 되어 창의적 생각이 증가되기 때문이다.

미국 일리노이주 네이퍼빌 센트럴 고등학교에서 운동효과를 증명했다. 수업 시작 전 달리기를 한 그룹은 운동하지 않은 그룹과 비교하여 1년 후 학업성적이 17%나 향상되었다.

모차르트도 곡을 쓸 때는 온 몸을 이용하여 움직이면서 작곡했다고 하고, 일본의 소설가 무라카미 하루키도 『직업으로서의 소설가』에서 "달리기가 정확히 어떤 효과가 있는지 설명하기 어렵지만, 작가로서의 능력이 향상되고, 기억력이나 문제 해결력, 창의력에 도움이 되었다"고 말하고 있다.

몸의 각 부위들은 뇌와 연결되어 있어서 몸을 움직일수록 뇌의 기능은 더 활성화된다. 따라서 두뇌활동만 하는 것보다 손이나 발을 함께 사용하는 것이 창의성 개발에 좋다. 손으로 하는 공예품이나 조각품을 만들고 몸을 사용하는 취미를 개발하는 것이 뇌 활성화에 도움이 된다.

8 : 베끼고 모방하며, 긍정적 자신감을 갖는다

부자가 되고 싶으면 부자가 했던 방식 그대로 따라 하고, 천재가 되고 싶으면 천재들의 생각과 행동을 그대로 따라 하면 된다. 되고 싶은 대상이 있다면 그대로 따라 하자.

우리나라가 개발도상국이라고 자처하던 시절에 선진국의 선진 기술을 빠르게 습득하기 위해서 추종자 전략(Follow)이 유행했었다. 선진 기업들을 벤치마킹하는 것이 가장 보편적이고 빠른 방법이었던 것이다. 벤치마킹을 우리 식으로 해석하면 "똑같이 따라 하기"인 것이다.

파블로 피카소(Pablo Picasso)도 "훌륭한 예술가는 베끼고, 위대한 예술가는 훔친다"고 한다. 훌륭한 예술가조차 베끼고 훔치라고 가르치고 있다. 물론 그대로 따라 했다고 똑같이 성공한다는 보장은 없지만, 따라 하기를 제대로 한다면 적어도 실패의 빈도를 줄일 수는 있다.

:: 다른 사람의 아이디어를 활용하여, 최고를 모방한다

1) 최고를 모방한다

이왕 따라 하기로 마음먹었다면, 그 분야의 최고를 베끼고 따라하자. 세상에 진정 새로운 것은 없기 때문에 베끼고 모방하는 것으로부터 창의성을 시작해도 좋다. 똑같이 베끼고 모방하더라도, 사람마다 갖고 있는 지식과 경험이 다르기 때문에 새로운 생각이 떠오르게 된다.

모방을 통해 더 나은 것을 만드는 것이 창의적 과정이다. 학교 다닐 때, 필기한 노트를 빌려준 사람보다 필기된 노트를 빌린 사람의 리포트점수가 더 좋았던 것을 많이 봐 왔을 것이다. 고수는 남의 것을 베껴서 더 나은 결과물을 창조하는 사람이다. 모방을 모방으로 끝내지 않으려면, 기존에 알고 있던 것과 모방하는 것의 연결을 통해 새로운 것을 만들어낼 수 있는 역량도 필요하다.

2) 다른 사람의 아이디어를 참고하여 발전시킨다

처음 모방한 아이디어는 아직 미흡하여 완성된 것이 아니기 때문에 나의 생각을 고집하지 않아야 한다. 처음 아이디어에 다른 사람들의 아이디어가 더해지고 변화되면서 더

좋은 아이디어가 탄생한다. 따라서 아이디어를 생성할 때는 다른 사람들의 아이디어를 받아들일 줄 아는 열린 마음을 가져야 한다.

더 나아가 다른 사람들의 아이디어를 적극 활용하자. 창의성은 기존 지식과 새로움의 연결에 의해, 또 다른 새로움을 창출하는 것이기 때문에 다른 사람의 아이디어라도 적극 활용하는 활용한다면 훌륭한 아이디어가 될 것이다. 언제 어디서 어떤 것이 최고의 아이디어가 될지는 아무도 모르기 때문이다.

:: 긍정적 감정을 유지하고, 정서적, 인지적 지지자인 멘토를 만든다

긍정적 감정은 창의성을 촉진시킨다. 1987년 앨리스 아이센은, 부정적 심리상태에서는 창의력 수준이 저하되고, 긍정적 감정상태에서 창의력이 촉진된다고 발표했다. 하버드 대학의 아마빌 교수도 200명의 직장인을 대상으로 심리상태와 창의성의 관계에 대해 연구했는데 같은 결론을 내렸다. 긍정적 감정상태는 주변 환경을 넓게 인식하기 때문에 창의력을 촉진한다는 결론에 도출했다.

우리가 어떤 것을 사실이라고 믿는다면 믿는 그대로 행동하게 된다고 한다. 행동을 사실로 만들기 위해 뇌에서는 끊

임없이 근거를 찾으려 한다.

사람들은 생각하고자 하는 그대로 생각을 하고, 그 생각대로 행동함으로써 삶의 방향을 결정한다. 행복하게 살겠다고 생각하면 행복하게 살 수 있는 방법만 생각나고, 부정적 시각으로 세상을 보면 불행했던 것만 생각난다. 불만이나 문제가 발생하더라도 긍정적 시각으로 바라보면 자연스럽게 해결 방법이 떠오를 것이다.

그러므로 오히려 불만이나 문제가 있다는 사실을 즐거워해야 한다. 문제가 있다는 것은 아직 창의적으로 풀어야 할 여지가 있다는 것이기 때문이다. 현재 문제가 없는 성공한 사람이라 할지라도 추가적인 문제가 반드시 존재할 것이고, 정말 문제가 없다고 한다면 현재보다 더 나은 방법을 생각해내면 된다.

긍정적 자신감은 창의성 발현에서 중요한 요소로 작용하는데, 자신감은 긍정적 감정으로서 창의성 향상에 아주 중요하다. 어릴 적 부모님에게 사소한 일에도 충분한 감탄과 칭찬을 받았던 사람들은 일반적으로 긍정적 자신감이 높다. 이러한 긍정적 자신감은 어린 시절 뿐만 아니라 어른에게도 매우 중요하다.

그러므로 긍정적 자신감을 키워줄 수 있는 든든한 정서적

지지자가 있다면 창의성 향상에 도움이 된다. 유명한 과학자나 작가 등 천재들에게는 적어도 1명 이상의 정서적 인지적 지지자가 있었다고 한다.

정서적 지지자인 멘토는 부모나 배우자 또는 친구, 스승 등 어느 누구든 될 수 있다. 멘토가 있으면 누군가 나와 함께 있으며 무한히 나를 지지해 줄 것이라는 사실만으로도 용기를 갖게 한다. 또한 자기 자신에 대해 좀더 긍정적으로 생각하고 표현할 수 있게 한다.

:: 유머 감각을 키우고 자주 웃는다

창의적 사고를 연구하는 심리학자들은 창의력과 유머가 매우 밀접한 관련이 있다는 것을 알았다. 창의력은 기존 사고를 벗어나 예상하지 못한 생각을 하는 것으로 유머와 동일하나, 창의적 결과를 도출하는데 반해 유머는 창의적 결과물을 생성하지 않는다.

창의성은 주로 흥미롭고 재미있을 때 창출되지만, 유머는 들으면 즐겁고 흥미로우며 긴장을 풀어준다. 창의적인 것 중에 재미없는 것은 없지만 유머 중에는 재미없는 것이 있을 수도 있다. 어느 누구든 재미있게 놀고 있을 때, 상상했던 것 이상의 창의적 결과물을 도출하므로. 어린아이처럼 즐겁게 놀 수 있다면 유머감각도 키워지고 창의적 생각도 떠오를 것이다.

웃을 일이 있어 웃는 것이 아니라 웃다 보면 웃을 일이 생기기도 하므로 스스로 웃는 연습을 하자. 웃고 있을 때는 긴장하고 있지 않은 상태이므로 많이 웃는 자유로운 환경은 창의성 향상에 도움을 준다.

아이젠 교수팀은 5분 동안 재미있고 논리적인 영화를 두 그룹에게 보여주고 창의력 문제를 풀게 했다. 재미있는 코미디 영화를 보고 웃었던 그룹이 논리적 영화를 본 그룹보다 문제를 3배 이상 잘 풀었다. 긍정적 감정이 판단력과 유연성, 창의성을 관할하는 뇌를 활성화시켜 문제 해결력을 향상시키는 것이다.

9 : 목표를 명확히 하며, 끈기를 갖고 노력한다

　뇌는 쓰면 쓸수록 지능이 향상되고 목표를 가지면서 자극을 받는다. 뇌는 진정 원하는 목표가 없고 의지가 없을 때 무기력해지고 우울해져 활성화되지 못한다. 목표도 없고 자유롭고 편한 상태에서 창의적인 아이디어가 나올 것 같지만 그렇지 않다. 뇌는 사람이 원하는 만큼만 능력을 발휘하기 때문에, 목표가 뚜렷할수록 활성화되어 능력을 발휘한다.

　내가 다른 사람의 생각을 바꿀 수는 없어도 내 생각을 바꿀 수는 있다. 내 생각을 스스로 선택하거나 변경할 수도 있다. 내가 어떤 생각을 하면서 사는지에 따라 삶의 방향에도 영향을 미치게 된다. "생각하는 대로 살지 않으면 사는 대로 생각하게 된다"는 제임스 알렌의 말처럼, 생각이 그 사람의 행동과 삶을 결정한다.

목표달성은 끈기와 노력이 필수적이다. 목표를 세우는 것도 중요하며 그 목표를 구체화하는 것도 중요하다. 그러나 목표 달성을 위한 노력이 없다면 목표는 있으나마나한 무용지물이 될 것이다. 창의적 아이디어보다 중요한 건 아이디어를 구체화하며 실행하는 끈기다. 목표 달성을 위해 다양하게 경험하고 스스로 내재화하는 의도적 노력이 필요하다.

창의적 생각기법(Tool)을 습득했다고 창의적 결과물이 생성되는 것은 아니다. 결국 끝까지 노력하고 도전하는 사람만이 창의적 결과물을 생성할 수 있는 것이다.

1) 창의적으로 노력하는 과정이 필요하다

처음에는 전혀 모르는 상태에서 시작하여 답을 하나하나 찾아나가는 과정 자체가 창의적인 노력이고 창의적 과정인 것이다. 이 과정 속에서 창의성을 발달시키는 토양이 만들어진다.

2) 생각만으로 목표를 달성할 수 있는 것은 없다

목표를 생각만으로 달성할 수 없다. 현실적 대안을 만들어 실행하고 실천해야만 달성할 수 있다. 스즈키 교육의 창시자인 스즈키 신이치도 "재능은 타고나는 것이 아니라 누구든지 열심히 노력하면 인재가 될 수 있다"고 하며 노력을 강조했으며, 미국의 경영학자 필립 코틀러도 창의적 아이디어는 문제를 해결하려는 끊임없는 노력의 과정에서 나온다고 했다. 모차르트는 당대 내려오던 작품들을 분석하지 않은 것이 없을 정도로 노력하는 작곡가였다고 한다.

:: 행운조차도 내 것이 되도록 노력한다

천재는 99%의 노력과 1% 영감으로 만들어진다고 한다. 노력하는 사람에게 성공의 기회가 주어지는 것은 분명하다.

그런데 가끔은 노력이 전부가 아니라는 생각이 들 때가 있다. 노력은 극히 일부분이고 행운이 따라야만 최종적으로 성공의 기회를 잡을 수 있다고 생각하게 만드는 경우가 종종 발생한다. 운칠기삼(運七技三)이란 말을 들어 보았는가? 성공을 위해 30%는 개인 역량이 있어야 하지만, 70%는 운이 좌우한다는 것이다. 노력은 나의 의지로 가능하나, 행운은 내가 어찌하지 못하는 신의 영역이라는 생각이 깔려 있다.

그러나 행운조차도 관심을 갖고 노력한다면 내 것으로 만들 수 있다. 행운조차도 스스로 만들 수 있다는 긍정적인 자세가 중요한 것이다.

18세기 호레이스 월폴이 만든 단어 '세렌디피티'는 '뜻밖의 발견 또는 우연한 행운'이라는 말인데, 우연한 행운조차도 노력을 무시할 수 없다는 것이다. 제프 베저스(Jeff Bezos)는 차고에서 재미삼아 중고 책을 팔기 시작하면서부터 아마존을 창업하게 되었는데 그것이 세렌디피티였다고 한다. 노벨의 다이너마이트나 페니실린 등도 우연하게 발견된 제품들이라고 하나, 그 이면에는 무언가를 해결하려는 부단한 노력이 있었던 것이다.

하트퍼드 셔터대 심리학 교수 리처드 와이즈먼에 의하면, 남들보다 운이 좋은 사람들이 있는 것이 사실이라고 한다. 하지만 운이란 것을 바꿀 수도 있으며, 게다가 운을 바꾸는 것이 어렵지 않다고 한다. 행운은 학습 가능한 사고와 태도, 행동의 산물이기 때문에, 행운의 4원칙[35]을 그대로 따라한다면 행운을 가져올 수 있다고 했다.

[1원칙] 운 좋은 사람들은 기회를 얻게 될 가능성을 극대화한다. 재미있고 흥미로운 경험을 가진 사람들과 인맥을 잘 맺는다. 아는 사람이 많을수록 기회가 더 많이 생길 것이고 그 기회를 잘 포착하는 것이다.

[2원칙] 운 좋은 사람들은 예지력을 바탕으로 효율적이고 효과적인 결정을 내린다.

---

35 리처드 와이즈먼의 저서 『행운 인자』에서, "행운은 그냥 오지 않는다. 운 좋은 사람을 따라 하라" 기사 참조(중앙일보, 2014. 04. 13).

> 운의 본질이 한결같은 것이 아니며 다양한 각도로 볼 줄
> 알기에 객관적인 결정을 내릴 줄 안다.
> [3원칙] 행운을 기대하기 때문에 낙관적이고 낙천적이다.
> 운 좋은 사람들은 과거의 좋은 일들을 많이 회상하나 불행
> 한 사람들은 주로 불행한 순간을 회상한다.
> [4원칙] 불행도 행운으로 바꾼다.
> 긍정적 마인드를 가지고 있다.

와이즈먼 교수에 의하면, 평상시의 습관을 깨고 새로운
사람을 만나며 새로운 음식을 먹어보는 등 낯선 것을 즐기
면 운이 좋은 사람이 될 수 있다고 한다. 또한 하루 동안 생
긴 일 중 좋은 일만 매일같이 적으라고 권고하고 있다.

CREATIVITY

PART **6**

창의성 훈련 사례 Ⅰ
문제 발견하기 (목표설정)

무엇을 그려야 할지 모르겠다면,

일단 그리기 시작하면 된다.

– 파블로 피카소 –

1 : 창의적 문제해결 절차

우리는 대부분 열심히 살고 있다. 열심히 공부하고 열심히 직장 다니는 이유는 무엇일까? 열심히 살면서 자신이 세운 무언가를 성취하고자 하는 것일 것이다. 지금보다 좀 더 나은 삶, 좀 더 나은 행복을 추구하기 위한 것일 것이다.

우리가 어떤 목표를 갖고 있든, 또한 어떤 삶을 살고자 하든 늘 문제에 직면할 것이다. 문제를 슬기롭게 해결한다면 원하는 삶을 살 수 있을 것이나 그 문제를 해결하지 못한다면 행복하지 않다고 느낄 것이다. 세상에 문제없이 행복하기만 한 사람이 있을 수 있을까? 우리는 살면서 어쩔 수 없이 크고 작은 문제들을 무수히 만나게 된다. 문제가 없다고 생각하는 사람은 아마도 문제가 있다는 것을 인지하지 못해서 문제가 없다고 느낄 뿐, 문제가 없는 사람은 없을 것이다.

문제를 창의적으로 해결할 때 사람들은 행복해한다. 문제가 없다는 것은 더 이상 해결할 것이 없고 해결하기 위한 노력이나 새로운 것을 발견할 기회가 없다는 것이기 때문에 오히려 슬퍼할 일이다. 문제가 있다는 것은 좋은 일이고, 문제를 해결할 때 정답이 하나뿐인 경우는 없기 때문에 다양한 해답이 존재할 수 있다. 만약 문제를 해결했음에도 불구하고 행복하다고 느끼지 않는다면 잘못된 정답으로 해결했을 가능성이 크다.

따라서 우리는 '진짜 문제를 발견하는 것'이 매우 중요하다. 사람들은 문제가 발생하면 누구나 슬기롭게 문제를 해결하고 싶어 한다. 문제가 무엇인지 모를 경우에는 문제발견이 핵심이 되며, 문제가 주어졌을 때는 문제를 가장 합리적으로 해결하는 것이 핵심이 될 것이다. 이런 경우에 창의적 문제 해결방법을 활용할 수 있다.

:: 창의적 문제해결 방법론

창의적 문제해결방법(Creative Problem Solving, 1963)은 브레인 스토밍(Brain Storming)의 창시자인 오스본(A. F. Osborn)이 처음 제안한 것으로서, 문제를 명확히 정의하고 대안을 마련하여 실행하는 체계적인 방법론이다(〔붙임2〕 참조).

각 단계별로 확산적 사고와 수렴적 사고가 이루어지는데,

확산적 사고는 가능한 한 많은 아이디어와 다양하며 독특한 대안들을 도출할 수 있도록 하는 생각을 말하는 것이며, 수렴적 사고는 여러 가지 도출한 대안들 중에서 문제 해결에 적합하도록 최적의 대안을 선정하기 위해 분석 평가하는 사고방식을 말한다.

창의적 문제해결방법론은 전 세계에서 가장 널리 사용되고 있으나, 실생활에서 단계별로 진행하기는 쉽지 않다. 실생활에서는 문제 자체가 모호하여 문제를 명확히 정의하는 단계부터 어려움을 느끼게 되기 때문이다.

문제를 제대로 정의하기 위해서는 나와 내 주변에 대한 이해가 충분할수록 좋다. 일반적으로 문제의 사실이나 현상에 대해서는 다소 객관화될 수 있지만 나의 관심이나 걱정, 감정, 정서 등을 모두 나열하는 데에는 노력이 필요하다. 문제가 명확히 정의되어야 그 문제에 대한 해결방안도 합리적일 수 있다.

학생이든 직장인이든 사람들은 자기 자신에게 어떤 문제가 있는지조차 모르는 경우가 많은 것 같다. 무엇을 좋아하고, 무엇을 잘하는지 모르고 헤매는 경우가 허다하다. 창의성 훈련사례 I, II에서는 나의 문제가 무엇인지 발견하고, 그 문제를 어떻게 해결해 나가고 있는지를 저자의 실제 사례를 있는 그대로 실었다.

똑같은 경험을 하더라도 어떤 시각으로 바라보는지에 따라 사람마다 다른 경험으로 기억되며, 문제를 발견하고 해결한다. 어떤 생각도구를 사용하느냐에 따라 다른 아이디어가 나올 수도 있다.

문제를 발견하고 해결하기 위해, 평소 창의성 향상 실천 방법을 습관화하는 것이 중요하다. 실제 창의적 생각도구를 활용하여 많이 사용해 보는 것이 제대로 습득하는 방법이다. 어떤 일을 할 때 체계적인 절차나 도구 및 사례를 활용한다면 초심자라 하더라도 쉽게 접근할 수 있다.

저자의 사례를 실제 그대로 작성함으로써 문제를 어떻게 발견하며 해결하는지 알 수 있다. 이런 과정 속에서 창의성이 어떻게 발현되는지 또는 창의성이 어떻게 훈련되고 향상되는지 알 수 있기를 바라는 마음이다. 저자가 했던 방법이 100% 옳은 방법이라 생각하지 않지만, 이런 과정을 통하여 창의적 결과물을 생성한 것으로 볼 때 창의적 향상 방법이 효과가 있었던 것은 분명하다. 저자가 실천했으니, 이 책을 읽는 독자 여러분도 당연히 할 수 있다고 생각한다.

사람들의 문제는 보이는 문제와 보이지 않는 문제로 나뉜다. 창의성은 눈에 보이지 않는 문제를 간파하고 발견하는 능력이다. 문제를 발견한다는 것은 어디에 어떤 문제가 존재한다는 것을 인식하고, 문제를 명확히 하여 목표를 구체화하는 과정을 말한다. 노벨 의학상을 받은 알베르트 센트죄르지는 "발견은 남들과 같은 것을 보고, 다르게 생각할 때 일어난다"고 했다. 문제발견 자체가 창의성인 것이다.

문제를 올바로 인식하고 해석하는 것이 중요하고, 문제를 발견하기 위한 아이디어를 내는 것도 필요하다. 문제를 발견하기 위해 아이디어를 낼 때는 문제를 전체적으로 보고 상황을 종합적으로 관찰해야 한다.

1) 문제가 존재한다는 것을 의식한다

문제의 발견은 문제가 있다는 것을 의식하는 것부터 시작한다. 문제의 의식은 보이지 않거나 찾아내기 어려운 문제가 나타나기 전에 발생 가능성을 깨닫고 찾아내는 과정이다.

문제의식이 없다면 현재 상황에 만족하거나 게을러서 굳이 문제를 찾으려 하지 않는 경우일 것이다. 요즘같이 변화의 속도가 빨라 불확실성이 높은 사회에서, 현재에 만족한다는 것은 변화하지 않겠다는 것이며, 지금의 상황을 더 후퇴시키는 결과를 초래할 것이다.

문제의식은 지금 내가 어떤 상황에 있으며, 나의 목표가 무엇이고, 어떤 방향으로 나갈 것인지를 깨닫는 것을 말한다. 나의 문제가 무엇인지에 대해 문제의식을 갖는다.

- 세상이 너무도 빠르게 변하고 있는데, 나는 그대로인 것 같다. 나도 변해야 살 수 있다.
- 인간의 수명이 늘어 평생 적어도 2~3번은 이직을 한다. 이에 걸맞는 역량을 갖추고 있어야 한다.
- 내가 좋아하고 잘하는 일이 무엇인지 명확하지 않다.
- 이왕 문제를 해결하려면 창의적으로 해결함으로써 행복하고 싶다.
- 나의 현재 주어진 상황에서 더 발전하고 싶다.

2) 문제를 명확히 발견하기 위해, "나"에 대해 충분히 이해한다

문제의식을 통해 문제가 있을 수 있다는 것이 인지되었으면, 이제 문제가 무엇인지 파악해야 한다. 스스로 목표를 수립하고 명확히 한다.

내게 어떤 문제가 있는지, 어떤 방향으로 가고 싶은지 설정하고, 문제에 대한 목표를 세운다. 목표 설정은 최종 달성하고픈 목표에 대해 이미지화하여 그린다. 이미지화는 최종 목표를 정확히 이해할 수 있게 해준다.

문제가 무엇인지 파악하기 위해서는 '나'에 대한 이해가 우선되어야 한다. 나를 제대로 알려면 현재의 내 상황이 어떠한지 파악하고, 무엇을 좋아하며 무엇을 잘하는지 분석한다.

나를 제대로 이해하기 위해 가능한 한 다양한 방법들을 모두 동원한다. 현재 상황이나 현상에 대해 문제가 이해될 때까지 질문하고 또 질문하여 '나'를 이해하는 데 집중한다.

- 나에 대해 알고 있는 모든 것(성격, 취미, 해왔던 경험 등)을 적는다.
- 내 주변 사람들에게 나에 대해 물어봄으로서 나를 객관화하여 바라본다.

3) 문제를 명확히 발견하기 위해, 다양한 새로운 시도를 한다

다양하고 새로운 시도를 한다. 이러한 시도들은 직접 경험하는 것이 좋지만, 여의치 않다면 간접경험이라도 한다. 기존 지식이나 경험을 기반으로 하여 새로운 시도들을 통해 나의 문제를 발견할 수 있기 때문이다. 이것저것 새롭고 다양한 시도를 한다. 예체능 분야, 즉 음악, 미술, 체육 등을 하나씩 골라 실행해보거나 휴식이나 독서 및 여행하면서 다양한 분야의 사람들을 만나 보기도 한다.

- 예체능 분야(음악, 미술, 체육 등)를 가능하면 하나 이상씩 실행해 본다.
- 하루 종일 휴식을 취하거나 빈둥거린다.
- 내 전문 분야가 아닌 타 분야의 책을 보고, 타 분야의 강연, 세미나 등을 통해 다양한 사람들을 만난다.
- 계획된 여행이나 무계획 여행을 한다.

- 평소 가보지 않았던 길을 가거나 안 먹던 음식을 먹거나 한다. 평상시 해보지 않았던 일 위주로 한다. 다른 생각을 하려면 새로운 일들을 시도해야 한다.

4) 새로운 시도들 중에 목표를 설정하고 구체화한다

나에 대한 충분한 이해를 위해 차례대로 진행하고 있다. 나에게 문제가 있다는 것을 발견하고, 적합한 목표를 설정하며 구체화한다. 목표를 실행하고자 노력한다. 새로운 일을 시작하는데 있어서 실패는 당연한 것이라 생각하고, 두려워하지도 말고 망설이지도 말며 실천해 나간다.

- 나는 목표 지향적으로 일을 할 때 즐거워한다. 목표가 뚜렷할수록 성취하고자 하는 의욕이 크다.
- 직장에서 오랫동안 창의성과 관련된 업무를 하여 창의성 실무경험이 누적되어 있으며, 논문을 준비하면서 창의성에 대한 이론적 지식도 확실하게 습득되어 있다.
- 여러 가지 다양한 시도를 했다. 시도했던 경험들을 종합한 결과, 책을 써야겠다는 목표를 설정했다.

2 : 문제발견은 문제를 의식하는 것으로부터 시작한다

창의성은 천재들만의 소유물이 아니다. 누구나 기본적으로 갖고 있는 특성인데, 사람들이 잘 활용하지 않아 발달하지 못한 것이다. 창의성을 어떻게 익히고 훈련하는지 잘 모르고 있을 뿐, 연습과 훈련에 의해 충분히 발휘될 수 있다.

문제가 무엇인지 명확히 알면 해결에 집중하기만 하면 되니 쉬워진다. 그런데 우리는 문제가 정확히 무엇인지 모를 때가 많다. 문제를 인식하고 있지 못하거나, 혹은 문제를 인식하고 있다 하더라도 문제가 모호하여 정확히 무엇인지 모를 때가 있다. 이럴 때는 문제를 명확히 발견하는 것부터 시작해야 한다.

창의적 생각도구들을 유연하게 사용할 수 있도록 훈련하

고, 창의성 향상을 위한 실천방법들을 습관화하여 익히는 것이 훌륭한 대안이 될 수 있다.

∷ 변하지 않으면 안 된다는 문제의식을 갖는다

4차 산업혁명시대라 하며 세상은 점차 빠르게 변해가고 있다. 세상에 변하지 않는 것은 단 하나도 없다. 변하는 환경에 발맞추어 나도 함께 변해야 살아갈 수 있다.

급변하는 환경 속에서 별 문제의식 없이 살고 있다는 것은 현상유지가 아니라 퇴보하고 있는 것이다. 경쟁 속에서 살아남고 더 나은 내가 되기 위해서 경쟁력을 갖고 있어야 한다. 남과 다른 무언가를 갖고 있어야 차별화된 경쟁력이 생긴다. 내가 갖고 있는 것이 무엇인지 알아야 남과 다른 것이 무엇인지도 안다. 이런 과정 속에서 미처 갖고 있지 못한 것이 무엇인지도 알게 된다.

사람들은 자기 자신이 무엇을 좋아하고 무엇을 잘하는지 모르는 경우가 많은 것 같다. 머리로는 남과 다른 내가 되고 싶다고 말하지만, 남과 다른 것이 무엇인지 알려고 하지 않는다.

남과 다른 나를 만들기 위한 노력에는 한없이 게으르다. 아직은 삶의 벼랑 끝에 있지 않기에 급할 것도 없다. 힘들게 도전했어도 도전했던 새로운 일이 현재 내 삶을 획기적으로 변화시킬 것 같지도 않다. 막상 한 번도 해 본적 없는 새로운 일을 도전하려면 두렵고 귀찮으며 어려운 것이다.

새로운 일을 시작하기에는 자신감도 없고 현재의 일상에 치여 시작할 시간이 없다는 핑계도 있다. 새로운 일을 시작할 수 없는 이런저런 이유가 100가지도 넘는다. 아마도 대부분의 사람들이 그럴 것이라 생각된다.

남과 다른 차별화된 경쟁력을 갖추고 싶다는 생각은 저자 역시 비슷하다. 대부분의 사람들과 마찬가지로 이런 저런 핑계가 너무도 많다. 무엇을 어디에서부터 어떻게 시작할지 몰라 그냥 시간만 보내고 있는 상태였다. 다시 생각해 보니 정확히 내 문제가 무엇인지 몰랐던 것 같다.

- 문제가 무엇인가?
- 내가 하고 싶은 것이 무엇이며, 진정 내가 잘하는 것이 무엇인가?
- 내 문제를 정확하게 알려면 어떻게 해야 하는가?
- 차별화된 경쟁력을 갖기 위해 어떤 것을 준비하고 있어야 하는가?

:: 나를 이해하기 위해, 현재상황을 정확히 파악한다

문제가 무엇인지 정확히 모를 때는 문제를 구체화하고 명확히 하는 것이 어렵다. 주의 깊게 관찰하며 문제가 무엇인지부터 파악한다. 나를 이해하고, 내가 어떤 사람인지 알아야 다음 문제를 풀 수 있다. 나의 상황을 이해하고 가능한 한 정확하고 객관적으로 파악하는 것이 필요하다.

1) 직장에서 경험했던 주요 업무가 무엇이었는지 파악한다

자신이 가장 좋아하는 일, 가장 잘하는 일을 찾는다. 이것을 찾으려면 자기 자신이 오랫동안 꾸준히 경험했던 일에서 힌트를 얻는 것이 가장 쉽다. 만약 꾸준히 해왔던 일이 없다면 이것저것 많이 시도해 볼 필요가 있다.

저자의 경우는 학교를 졸업한 이후 한 직장에서만 줄곧 근무했으므로 수행했던 주요업무를 조사하는 것부터 시작했다. 통신서비스의 핵심인 소프트웨어 품질을 향상시키기 위한 품질보증활동과 연구개발조직에서 연구개발을 기획하고 관리하는 업무를 주로 해왔다. 연구개발의 기획 및 관리는 R&D의 방향성 또는 기술전략을 수립한다거나, 프로젝트의 선정 및 성과에 대해 평가하는 업무다.

연구개발의 품질향상을 위해 R&D 프로세스를 재확립하고, 식스시그마라는 경영기법을 연구개발 조직에 적용해 제도화하기도 했다. 경영학의 대가인 게리하멜 교수의 '창의경영 방법론'을 R&D에 적용함으로써 신규 서비스를 발굴하는데 기여하기도 했다.

저자가 속해 있던 정보통신기술(ICT; Information and Communi

-cation Technology)분야는 기술발전의 속도가 빠르고 경쟁이 치열하한 영역이며, 이런 경쟁사회에서 살아남기 위해 각 기업들은 새로운 먹거리 창출에 혈안이 되어 있다. 또한 기업의 특성상 제조가 아닌 통신서비스를 제공하는 기업으로서, 고객에게 무형의 결과물인 서비스란 형태로 제공되기 때문에 타 회사와 차별화하기 매우 힘든 분야다.

더군다나 저자는 마케팅이나 영업, 홍보와 같이 고정된 역할이 있는 것이 아니라, 프로젝트 단위로 일하며 창의적인 아이디어를 필요로 하는 R&D조직이다. 최근에는 새로운 아이디어를 발굴하여 비즈니스 모델(Business Model)을 제안하여 신규 서비스를 개발하는 것이 주요 업무다. 인공지능(AI), 빅데이터 등과 같이 데이터 분석 기반으로 고객이 필요로 할 만한 서비스를 발굴 및 개발하는 일을 하고 있다.

처음에는 아무것도 없기 때문에, 단순한 생각 하나로 시작하여 아이디어로 발전시키며 새로운 서비스 아이템을 만들고 과제를 기획 및 개발하여 신규 서비스가 만들어지는 과정은 매우 재미있고 흥미로운 일이다.

아이디어를 발굴하는 과정에서 때로는 참신하지 않거나, 참신하기는 해도 수익창출에 기여할 수 없다면 쓸모없는 아이디어가 된다. 그러므로 도출된 아이디어가 서비스가 되는 과정은 길어질 수밖에 없다.

아이디어를 제안했으나 탈락되고, 다시 제안하는 과정이 몇 주 혹은 몇 달씩 걸리기도 하는 결코 만만치 않은 작업이다. 제안된 아이디어가 통과되면 그 다음은 개발 한계에 부딪힌다. 한정된 인력과 비용으로 제한된 시간 안에 개발해야 한다. 수시로 밤을 새야하는 힘든 작업임에도 불구하고, 단순한 아이디어가 여러 사람의 의견과 생각이 모아져 프로젝트가 형성되고 새로운 서비스로 탄생하는 모습을 보면 흥미롭다.

2) 나에 대해 알고 있는 모든 일들을 작성한다[36]

나를 이해하는 방법을 모르겠다면 태어나서 지금까지 해왔던 일들을 모두 작성해 본다. 지금까지 살면서 기억나는 모든 사건들을 적는다. 과거 해왔던 일이나 사건에서 매순간마다 나는 어떤 선택을 했으며, 선택하는 순간에 왜 그런 결정을 했었는지 기록한다. 그리고 그때의 느낌은 무엇이었는지 상세히 적는다. 상세히 적을수록 나를 이해하는 데 도움이 된다. 그때의 판단과 결정이 어떤 결과를 가져왔는지도 적는다.

---

36 나에 대한 성격적 장점이나 특징 등은 지극히 개인적인 부분이므로 생략하였으며, 직장에서의 업무 위주로 나를 이해 및 분석한 결과만을 작성했다.

아래 질문들은 내가 했었던 일을 정리할 때 도움이 될 만한 질문들이다.

- 내가 어떤 것에서 기쁨과 행복을 느끼며, 어떤 경우에 실망과 좌절을 느끼는가?
- 어떤 일을 했을 때 주위로부터 인정받고 칭찬을 받았는가?
- 살면서 새롭게 했던 시도들은 무엇인가?
- 다른 사람이 반대하는 일을 성공으로 이끌었던 적이 있는가? 있다면 무엇이었으며, 그때의 느낌은 무엇인가?
- 내가 무언가를 판단하고 결정해야 할 때 선택 기준이 무엇인가? 그 결정의 결과는 어떠하였는가?
- 밤을 샐 정도로 엄청난 노력을 통하여 달성했던 성과는 무엇이었는가? 노력에도 불구하고 실패했다면 왜 실패했는가?
- 내가 하고 싶은 것은 무엇이며, 잘하는 것은 무엇인지 알고 있는가?
- 관심 있는 분야는 무엇인가?
- 나의 성격적 성향이나 취미는 무엇이며 어떤 장점을 갖고 있는가?

3) 나를 아는 주변 사람들에게 나의 장점이나 성향 등을 인터뷰하여 정리한다

나 자신을 이해하기 위해 스스로에게 물어봤듯이, 같은 질문들을 주변 사람들에게 똑같이 질문한다. 내가 어떤 것을 잘하는 사람인지, 성격적 장점은 무엇인지, 어떤 특성을 갖고 있는지 파악한다.

내가 알고 있는 '나'와 주변 사람들이 알고 있는 '나'의 모습이 차이가 날 수도 있다. 주변사람들이 알고 있는 나의 객관적 모습을 파악하고, 실제의 나와 얼마나 다른가를 파악한다. 이런 과정을 통해 나를 객관화할 수 있고, 나를 제대로 이해할 수 있는 기회가 될 수 있다.

:: 내가 무엇을 원하는지 알기위해, 나를 이해하고 방향성을 정한다

나 스스로에게 또는 주변 사람들에게 다양한 질문을 했으나, 내가 무엇을 잘하는지 또는 내가 무엇을 하고 싶은지 명쾌하게 알기 어려울 수도 있다.

나를 이해하려고 여러 사람에게 물어보고, 그동안 회사에서의 주요 업무를 정리했으나, 아직은 무엇을 하고 싶은지 잘 모르겠다. 단지, 어떤 일을 시작하게 되든지 그동안의 경험들이 충분히 활용할 수 있는 일이기를 바랄뿐이다.

어느 한 분야에서 수십년 동안 꾸준히 일했다는 것은 그 일을 싫어하지 않으며, 또한 아주 잘하고 있다는 반증이라 생각한다. 만약 일이 싫었다면 그 일을 수십년 동안 할 수 없었을 것이고, 같은 영역에서 오랫동안 일했으면 전문가 수준이 되어 있을 것이다. '생활의 달인'이란 TV 프로그램이 있다. 수십년간 같은 일을 반복함으로써 그 분야에서는 달인이란 소리를 들을 정도로 월등하다는 것이다.

달인까지는 아닐지라도 저자의 경우도 오랫동안 한 직장에서 업무를 수행했으므로 어느 정도 역량이 누적되어 있을 것이라 생각된다. 아직은 무엇을 하고 싶은지 몰라 막연하지만 남들과 구별되는 차별화된 경쟁력을 키우고 싶다는 바람을 갖고 목표를 찾고자 한다.

- 학교나 회사에서 얻은 지식과 경험 중에서 잘하는 일이 있을 것이다.
- 지식과 경험을 충분히 활용할 수 있으면 좋겠다.
- 하고 싶은 일이 구체적이면 좋겠다.
- 목표를 달성했다는 것을 확인할 수 있는 방법이 있으면 좋을 것 같다.
- 지금의 상황보다 더 나은 삶이면 좋겠다.

이런 바람들을 모두 만족할 만한 일을 찾아야 한다. 다시한번 내가 해왔던 일의 특성을 구체적으로 분석해 본다.

최근 직장에서 주로 수행했던 업무는 새로운 아이템을 발굴하는 일이었다. 통신분야와 타 산업분야를 융합하여 새로운 서비스 아이템을 발굴하는 것이다. 새로운 아이템 발굴을 위해 그 분야의 시장조사와 핵심사업자 및 고객의 요구사항(needs) 등을 다양한 관점에서 탐색 및 연구한다. 어떤 서비스를 개발하든지 새롭고 도전적 서비스를 발굴하는 것이 목표다. 이것을 수행하려면 당연히 참신하고 독특한 아이디어가 있는 사람, 창의적 사고를 많이 하는 사람이 필요하다.

또한 프로젝트 단위로 업무를 수행하게 된다. 프로젝트란 분명한 목표가 있고 주어진 기한과 예산으로 목표를 달성하는 것을 말한다. 그러나 프로젝트가 확정되어 수행중이라도 주변상황이 변하면 그에 적합하게 목표를 수정, 변경하여 유연하게 대처할 수 있어야 한다. 즉, 분명한 목표가 있는 일을 추진하는 것에 익숙하며 상황에 적합하도록 유연하게 대처한다.

수행했던 여러 프로젝트들 중에서도 특히 많은 노력과 열정이 들어간 프로젝트일수록 애정이 가고 완성되었을 때 더 큰 기쁨을 느끼게 한다. 기쁨, 행복, 보람은 인간의 가장 기본적인 욕구이며, 이런 욕구가 일에 대한 열정을 일으키는 원동력이 되는 것 같다.

나 자신을 제대로 이해하려면 자신이 어떤 사람인지 치열하게 생각해야 한다. 내가 어떤 사람인지 스스로에게 끊임없이 물어봐야 하는 것이다. 나를 이해하기 위해 정리하고 분석하는 과정을 통하여, 어떤 부분에서 만족감과 기쁨을 느끼는지 하나씩 알게 되었다.

프로젝트의 기획 및 관리보다 시장에 새로운 서비스를 만들기 위해 아이템을 발굴하고 개발하여 구현되는 모습을 더 좋아한다. 프로젝트와 같이 업무의 시작과 끝이 확실할 때 더 기쁘게 일하며, 목표 지향적 성향이 강하여 구체적 목표가 있을 경우에 더 도전적인 특성이 나타낸다. 새롭게 목표 세우는 것을 즐겨하고, 작은 목표라도 하나씩 성취되는 모습을 보는 것에서 행복을 느낀다.

3 : 새로운 아이디어를 발굴하고 실행한다

성공경험은 어떤 일이든 잘할 수 있다는 자신감을 만들고 자기 자신에 대한 믿음을 만들어 자신도 모르게 계속 노력하게 만든다. 비록 작은 성공을 했을지라도 성공했던 경험은 앞으로 성공할 가능성을 높인다. 성공 경험은 뇌에 기억으로 남기 때문에 매우 중요하다.

내가 무엇을 하고 싶은지 모르는 것은, 과거에 무엇을 해봤던 기억이 없기 때문이다. 내가 무엇을 하고 싶은지 생각해본 적도 없으며, 경험해본 적도 없기 때문에 모르는 것이다. 무언가 하고 싶은 것을 만들고자 한다면 새로운 기억을 만들어야 한다. 새로운 무언가를 시도함으로써 내 안에 잠재되어 있는 나를 깨워 기억을 만들어야 한다.

그동안 경험해보지 않았던 것들을 시도하는 것이 기억

장소에 저장할 기회를 준다. 과거 기억장소에 없었던 새로운 시도들을 통해 나의 새로운 재능을 발견할 수도 있을 것이다.

∷ 새롭게 시도할 아이디어를 발굴하기

새로운 시도를 하고 싶어도 우리의 일상이 너무 바빠서 시간이 없다는 장애물에 부딪힌다. 대개 직장인들은 불규칙한 퇴근시간과 빈번한 야근으로 주중에 업무 이외에 뭔가를 한다는 것 자체가 어렵다. 아니 거의 불가능에 가깝다.

가끔 맘에 드는 세미나나 모임이 있어 예약했다가도 취소하는 날이 여러 날이었다. 직장인에게 무언가를 새롭게 시도하려면 그나마 시간이 있는 주말을 활용할 수밖에 없다.

1) 새롭게 시도할 꺼리는 인터넷으로 검색한다

인터넷으로 세미나, 컨퍼런스, 교육, 강좌 등을 검색해보니, 각 시도별로 구립이나 시립에서 운영하는 프로그램들이 꽤 많다. 또는 소모임 또는 개인이 주최하는 프로그램들이 찾아보면 좋은 프로그램들이 많다. 맘에 드는 종류를 검색해서 찾기만 하면 되고, 의외로 무료도 많다. 우리나라가 IT 강국인 것에 감사한다.

2) 새로운 것에 대한 도전은 가능한 한 많이, 그리고 다양하게 한다

나의 과거 기억 속에 없는 새로운 기억을 만들기 위해 도전하는 것이므로, 가능한 한 과거에 경험해본 적 없는 것 위주로 시도한다. 처음 경험하는 것들에 대한 두려움을 없애기 위해서는 실패를 당연한 것으로 받아들여야 한다.

음악, 미술, 체육을 골고루 시도해 보려고 노력했으며 의식적으로 ICT 분야와 관련된 세미나나 교육 등은 피하려 했다. 새로운 기억을 만들기 위해서는 어느 한 분야로 집중하기 보다는 다양한 분야로 시도하는 것이 의미 있는 것 같다. 평상시에 해보고 싶었던 것이나 잘할 것 같은 것이 있다면 시도해 보자.

3) 최소한의 시간과 비용만으로, 쉽게 접근할 수 있는 것을 찾는다

직장인들은 대부분 시간적 여유나 예산이 넉넉하지 않기 때문에 최소한의 시간과 비용을 들여서 쉽게 시작할 수 있어야 한다. 다음의 내용들은 저자가 직접 인터넷 등의 검색과 조사를 통해 시도해봤던 내용들이다(참고로, 이 모든 것들을 시도하는데 1년이 채 걸리지 않았다).

새롭게 시도할 수 있는 꺼리들을 발굴하여 가능한 한 많이 실행해 보는 것이 중요하다. 내가 모르는 나를 발견하기 위해, 기존 기억에 없는 새롭고 다양한 시도들을 통하여 경험을 쌓았다.

시도할 꺼리를 찾을 때에도 창의적 생각기법(4장 참조)을 활용할 수 있으며, 생활 속에서 약간의 변화를 주어 시도할 꺼리를 찾는 것도 방법이다.

시도할 꺼리를 찾았으면 실제 실행하면서 잘하는 것과 좋았던 것 또는 그때의 느낌이나 사실, 감정 등을 빠짐없이 작성한다. 메모하면 미처 생각하지 못했던 것들이 생각날 수도 있기 때문이다.

:: 음악, 미술, 체육 등 예체능 분야 골고루 체험하기

1) 혼자 카페에 가서 즐긴다

무언가 창의적인 일을 할 때 조용한 도서관보다 약간 소음이 있는 카페와 같은 공간에서 오히려 집중력과 창의력이 생긴다고 한다. 카페란 공간은 다양한 사람들에게 관심을 갖고 관찰할 수도 있는 좋은 공간이기도 하다.

카페에서 하루 종일 책을 읽어도 좋고, 아무 생각 없이 음악을 들어도 좋다. 혹은 대화의 주제는 무엇이며, 어떤 것을

먹는지, 어떤 일을 하고 있는지 등 다른 사람에게 관심을 가져본다.

회사나 직장에 출근하지 않는 공휴일이나 일요일에 카페에 가거나, 밤늦게까지 여는 카페도 많으니 평일에 가는 것도 좋다. 카페에서 노트북으로 작업하는 사람도 많고 혼자 노는 사람도 많으니 혼자 가더라도 절대 어색하지 않다.

2) 음악을 듣는다면 다른 장르로 바꿔서 듣는다

평상시 같으면 국내 드라마나 영화 OST, 발라드 등을 즐겨듣지만, 재즈나 팝을 들어본다. 이해하기 어려운 피아노나 바이올린 연주곡 또는 오케스트라 연주곡을 들어보기도 한다. 베토벤의 운명이나 합창, 베르디의 리골레토와 같이 유명한 곡 이외에는 잘 모르겠다.

때마침 예술의 전당에서 오케스트라 특별연주회가 직원들 대상으로 열린단다. 평소 같으면 그냥 흘려 지나쳤을텐데, 클래식을 듣기로 생각해서인지 좋은 기회도 생긴다. 다행히도 연주곡마다 시대적 배경과 히스토리, 악기에 대해 설명도 해준다. 이해하기 쉬운 설명으로 클래식에 조금 다가선 것 같아 기분 좋다. 역시 "아는 만큼 보인다"는 말은 명언 중에 명언임을 실감한다.

3) 연극 또는 뮤지컬을 본다

단순히 연극을 보기 보다는 실제 배우가 되어 체험하면 더 좋겠지만, 관람이라도 괜찮다. 한동안 뮤지컬을 좋아해서 많이 보러 다닌 때가 생각나서 뮤지컬도 보러 다녔다.

새로움이나 낯선 경험을 많이 만들기 위한 시도들이므로, 연극이나 뮤지컬을 보더라도 장르에 구애받지 않고 찾아다녔다.

4) 영화 시사회를 참석한다

영화관도 1년에 몇 번 안 가는 내가 영화시사회를 갔다. 단지 남들보다 조금 먼저 영화를 본다는 것밖에는 차이가 없지만, 나름대로 시사회 가기 전에 감독의 의도나 내용의 줄거리에 대해 공부를 했다.

새로운 시도로써, 평상시 보던 장르의 영화나 감독이 아니더라도 계획하지 않고 영화관에 도착한 시간에 상영하는 영화를 아무거나 본다. 평상시의 습관에서 벗어나 다른 행동을 시도해보는 것이다.

5) 새로운 악기나 그림, 운동을 배운다

관객의 입장에서 관람하는 것 이외에도 직접 체험하면 더 좋을 것 같다. 음악, 미술, 체육 분야별로 골고루 해보는 것을 권한다. 악기를 하나 배우거나, 노래를 불러도 좋고, 그림이나 서예, 공예품과 같이 만들기를 배워도 좋을 것이다. 아직 못했지만 해볼 수 있는 작은 시도들은 너무나도 많다.

새롭게 시도해 보는 것이 목적이기 때문에 새롭게 경험함으로써 나의 잠재된 소질을 찾아낼 수도 있을 것이다. 평상시 하던 습관에서 벗어나 조금만 다르게 생각하고 행동하면 된다.

전혀 다르게 느끼려고 이것저것 시도하고 노력하다 보니 점차 즐기기 시작했다. 새로운 분야의 낯선 경험들이 나를 기쁘게 해준다는 것을 알게 해줬다.

:: 평상시와는 다른 방법으로 강연이나 교육 참여하기

어떤 분야든 10,000시간의 노력이 있어야 전문가가 된다고 한다. 전문가가 되기 위해서는 적어도 한 분야에 7~10년이 걸린다는 것이다.

IT 분야의 일을 수십 년 동안 해온 내게는 IT분야가 쉽게 접근할 수 있는 영역이다. IT는 그 어떤 분야보다 빠르게 변하기 때문에 새로운 기술에 뒤쳐지지 않기 위해서는 늘 기술 트렌드나 시장동향을 파악하고 있어야 있다. 어떤 기술이 새로 나왔는지, 다른 글로벌 기업이나 경쟁업체는 어떤 전략을 갖고 시장에 서비스를 출시하는지, 고객들은 이런 상황에 어떻게 반응하고 있는지 등에 대해서 관심을 갖고 습득하고 있어야 한다.

이런 일들이 습관화되어 있으므로 뉴스 기사를 보거나 세미나 교육을 검색하더라도 프로그램(R 통계분석, 파이썬 등의 오픈 소스)이나 4차 산업혁명과 같은 단어가 눈에 들어온다. 오랫동안 같은 일을 하게 되면 관성적으로 몸이 움직이는 것 같다.

하지만 새로운 기억을 만들기 위해서는 다른 시각으로 바라보는 훈련이 필요하다. 의식적으로 다른 일을 하려고 노력하지 않는다면, 같은 날이 반복될 것이며 내 삶은 변화하지 않을 것이다. 다시 마음을 다잡고 IT와 관련 없는 분야의 교육을 찾는다.

1) TV 녹화방송이나 강연에 참석하기

IT와는 관련 없는 강연을 찾은 것이 "음악에 숨어있는 리듬"이라는 주제였다. 강사의 재능 기부로 이루어진 멋진 강연이었으며 주로 20~30대의 젊은 층들이 주류를 이루었다.

평생 처음 TV 녹화방송에도 참여해 봤다(무비스타 소셜 클럽). 이곳 역시 젊은 사람들만 많았다. 그들은 여러 번 참석했는지 방송 관계자가 시키는 대로 질문에 유창하게 대답도 잘하고 익숙하게 잘 따라한다. TV녹화방송에 처음 참석했기 때문이기도 했지만, 젊은 사람들만 있는 곳이 나를 엄청 낯설게 했다. 하지만 재미있다.

"4차 산업혁명과 고사성어"란 주제의 강연에도 참석했다. 4차 산업혁명이라는 최첨단의 단어와 고사성어란 고전이 어떻게 어울릴까가 궁금했다. 전혀 어울릴 것 같지 않은 단어들끼리의 조합이라 신선하다. 시대에 따라 표현이 조금씩 달라질 뿐 고사성어는 어느 시대에서든 변함없는 진리다.

2) 조찬모임에도 참여한다

CEO(최고경영자; Chief Executive Officer)나 지위가 높은 사람들이 바쁜 시간을 쪼개어 조찬모임을 한다고 한다.

근무시간 이전 아침식사를 하며 진행하는 조찬포럼이 있다고 해서 마치 CEO가 된 것처럼, 혹은 아주 바쁜 사람인 척하고 포럼에 참석했었다. 주제는 인구학이다. 급속하게 고령화되고 있는 우리나라의 현실적인 문제를 인구 관점에서 냉철하게 설명해준다. 1차 베이비부머 세대의 퇴직으로 인한 경제상황, 2차 베이비부머 세대의 현황, 어린 친구들이 청년이 될 즈음의 우리나라 현실, 직업의 가치관 변화 등, 인구의 급격한 감소로 인한 변화는 우리 삶의 전 분야에 걸쳐 영향을 미친다고 한다.

조찬포럼은 남들보다 하루를 조금 일찍 시작한다는 기분도 괜찮았고, 게다가 유익한 내용까지 들을 수 있는 아주 좋은 시간이었다.

여러 다양한 강의를 들으면서 느낀 것이 있다. 세상에는 재능 있는 사람들이 참으로 많고, 이들 강의는 모두 무료강의였는데 자신의 재능을 공유하고 싶어 하는 사람이 많다는 것이다.

또한 어떤 분야에서 활동하든지 전문가다운 모습, 프로의 모습은 너무 멋지며, 최고의 전문가들은 어떤 분야이건 서로 연결되고 통하는 것이 있어서 소통이 가능하다는 것이다.

:: 하루 종일 아무것도 하지 않고 빈둥거리기

1) 하루 종일 TV 몰아보기를 하면서 논다

갑자기 생긴 휴식시간. 항상 바쁘게만 살다가 갑자기 여유가 생기면 시간을 어떻게 보내야 할지 모르겠다. 고기도 먹어본 사람이 잘 먹고, 노는 것도 놀아본 사람이 잘 논다고 한다. 휴식시간이 주어졌지만 어떻게 보내야 할지 모르겠다. 계획 없이 갑자기 생긴 휴식 시간에 가장 쉽게 할 수 있는 것이 TV 보는 것이다.

하지만 TV를 보더라도 평소와 다르게 보는 방법을 찾았다. TV 드라마를 한꺼번에 몰아보기 하는 것이었다. 며칠 동안 계속해서 몰아보기를 하니 머리가 지끈지끈 아프다.

요즘 현대인들은 아침부터 밤까지 TV, 인터넷, 스마트폰 등을 통해 무언가를 끊임없이 보면서 눈을 혹사시킨다. 출퇴근시 버스나 지하철에서 모두가 똑같이 스마트폰을 보고 있으며, 심지어는 길을 걸을 때조차 눈에서 스마트 폰을 떼지 못한다. 스마트폰 사용으로 눈의 피로도는 극도로 심해졌다. 그렇지 않아도 눈의 피로가 최고인데 TV까지 몰아보기를 했더니 이루 말할 수 없을 정도로 피곤하다.

여러 가지 시도들 중에서 "하루 종일 TV보기"는 권할 것이 못 된다. 일상에서 벗어나 평상시와 다르게 행동하는 것이 중요하다고 할지라도 TV 몰아보기는 좋은 방법이 아니다. TV 몰아보기가 집중은 잘되지만 눈과 몸의 피로도가 지나치게 크다.

2) 하루 종일 아무것도 하지 않고 휴식한다

낮잠을 자거나 멍하니 휴식을 취한다. 휴식도 제대로 하면 창의성이 생긴다.

내 경우엔 무언가를 바쁘게 하고 있는 것보다 아무것도

하지 않을 때가 더 힘들다. 멍 때리기 대회가 있다고 한다. 오죽하면 멍 때리기 대회가 생겼겠는가? 현대인들은 휴식이 부족하고, 휴식할 줄도 잘 모른다. 멍 때리기 대회는 웃거나 다른 곳을 보거나 생각을 하게 되면 탈락이므로 아무 생각 없이 앉아 있어야 한다. 이런 상태가 진정으로 명상이 아닐까 한다.

어떤 날은 정말 아무것도 하지 않고 머리를 텅 비우고 싶은 날이 있다. 머리를 텅 비우고 싶어 멍하니 있어보지만, 온갖 잡념으로 텅 비우는 것이 쉽지 않음을 깨달았다. 잠자는 것도 아니면서 멍~하게 있는 것은 어렵다. 온갖 잡다한 생각이다.

아무 생각 안하고 무념무상 경지에 오르면 좋을 것 같다. 그렇지만 아직 멍한 상태를 지속해 보지 못했다. 빈둥거리기도 어렵고, 명상의 상태도 내게는 참으로 어렵다. 여러 번 시도했으나 모두 실패했다.

:: 내 분야가 아닌 다른 분야의 책 읽기

요즘 서점에는 마치 도서관과 같이 책을 읽는 사람을 많이 볼 수 있다. 도서관에서 맘에 드는 책을 자유롭게 꺼내 읽을 수 있듯이 서점에서도 자유롭게 책을 꺼내 읽을 수 있도록 편리하게 만들어 놓았다.

몇 년 전까지만 해도 바닥에 앉아 책을 읽는 사람들이 대부분이었는데 요즘은 의자와 책상을 마련해 둔 서점들도 많이 생겼다. 한쪽에서는 커피도 팔고, 점차 서점과 카페의 구분 없이 하나로 융합되어가고 있는 것 같다. 카페 같은 분위기의 서점에 가서 책을 읽는 것도 즐거운 방법이다.

1) 업무나 전공분야가 아닌 전혀 다른 분야의 책(역사서, 소설, 취미 등)을 읽는다

평상시 자주 접하던 부류에서 벗어나 다른 분야의 책을 읽는다. 서점에 가면 주로 업무 관련 서적들이 눈에 들어왔는데 의도적으로 다른 분야의 책을 기웃거려본다. 눈에 띄는 대로, 손에 잡히는 대로 읽어보자.

조선시대 역사서가 눈에 보인다. 소설책을 뒤적거리기도 하고, 유아 대상의 책이나 동화책, 그림책을 읽기도 했다. 재미있고 흥미롭다. 어느 작가가 꼭 읽어봐야 할 책으로 추천한 자유론도 읽었다. 초등학생 대상의 동화책이라서 이해하기 쉽게 작성되어 있다.

국내, 국외 구분 없이 여행 책을 보기도 했다. 몸의 유연성과 근력을 키우기 위한 수영, 요가 책을 읽기도 하고, 요리책이나 매듭짓기 같은 취미활동 책을 보기도 했다. 여성잡지도 구경하고, 평소라면 정말 관심도 없고 재미도 없어서 거들떠보지도 않았던 낚시잡지도 봤다.

업무에서 벗어나 눈을 다른 곳으로 돌리니 세상에는 다양한 종류의 책들이 정말 많다. 다른 유형의 책들을 보려고 노력했지만, 끌리는 것은 익숙한 분야의 책들이다. 업무 관련된 책에 자꾸 눈이 가고 궁금한 이유는 저장되어 있던 익숙한 기존 기억들이 즉각 반응하는 것 같다.

낚시 책을 읽으려 했으나 집중하지 못한다. 나의 기존 기억 속에 낚시에 관련된 지식이 전혀 없기 때문에 흥미를 끌지 못하는 것이라 생각한다. 기억 속에 저장되기 위해서는 꽤 오래 걸릴 것 같다.

:: 미리 계획하지 않고 혼자 여행하기

사람들은 은퇴하거나 시간이 많이 남는 그 언젠가가 되면 세계일주를 하겠다고 꿈을 갖는 사람들이 많다. 미지의 멋진 장소에 가서 편히 쉬기도 하고 내가 모르는 사람들을 만나는 여행을 하고 싶다고 한다. 현재의 바쁜 일상과 과업으로 인해 지치고 피곤하여 쉬고 싶은 것이다.

1) 계획하지 않고 당일치기 여행을 한다

아쉽지만 세계일주는 나중으로 미루고, 가볍게 당일치기

여행으로 아쉬움을 대신해 보는 것은 어떨까? 시간이나 여행 장소를 미리 계획하지 않고 떠나보자. 사람 성향에 따라 무계획 여행을 아주 신나고 즐거운 것으로 받아들이는 사람이 있는가 하면, 무계획에 대해 적성에 맞지 않아 불안하거나 두려움으로 대응하는 사람도 있을 것이다. 어느 경우에 해당되건 무작정 떠나는 것이 중요하다.

직장인은 시간에서 자유롭지 못하다. 내 맘대로 어느 날 갑자기 무조건 떠난다는 것이 쉽지 않다. 따라서 여행기간을 하루로 제한했다. 무계획 여행이므로 여행 장소나 여행 가서 할 일만큼은 계획하지 않고 떠나기로 했다,

여행 장소는 내가 처음 가보는 곳이어야 하고, 어디로 갈 것인지는 여행 당일 버스 터미널에서 결정하기로 했다. 물론 당일 기차역으로 가고 싶다는 생각이 들면 기차도 좋다. 여행 가서 무엇을 할지 모르겠으나 모르는 사람들을 만나 얘기도 하고, 먹어보지 않았던 것도 먹어볼 것이다. 그야말로 발 닿는 곳까지 걷고, 사람 구경도 할 것이다.

무계획 여행은 어디를 갈 것인지, 무엇을 먹을 것인지 등에 대해 그때마다 판단을 내리고 결정해야 하므로 내가 어떤 순간에 어떤 결정을 내리는 사람인가를 살필 수 있는 좋은 기회다. 빠르게 판단하는 사람인지 신중한 사람인지도

알 수 있고, 어떤 것을 좋아하는 스타일인지도 알 수 있는 기회가 된다.

당일치기 무계획 여행은 오롯이 혼자만의 시간이므로 주변의 사람이나 경치를 제대로 살피게 하고, 자기 자신에 대해 많은 것을 생각하게 해준다.

∷ 새로운 사람들을 만나고, 색다르게 산책하기

운동이 부족한 직장인에게 걷기는 좋은 운동이며 효과적인 휴식 방법이다. 저자는 걷는 것을 좋아하므로 가능하면 언제 어디서나 걸으려고 노력한다. 새로운 경험을 늘리기 위해서는 단순히 걸을 때도 방법을 달리해서 걸어 보자. 걷기로 운동 효과를 얻으려면 일정 속도보다는 걷는 강도를 달리해야 한다.

1) 새로운 길을 걷는다

새로운 경험이 목적이라면 평소와 다르게 걷는 것이 중요하다. 집 근처 산책하더라도 가보지 않았던 새로운 길을 개척한다. 빨리 걷다가도 주변을 살피면서 천천히 걸어보기도 하고, 벤치가 보이면 한참 동안 앉아 있어 본다.

태양의 뜨거움을 느껴보기도 하고, 그닥 시원하지 않더라도 나무 그늘과 바람을 느껴보기도 한다. 나뭇잎, 들꽃, 새소리 등을 느끼며 여유와 한가함을 즐긴다.

혼자 걷는 것이 익숙하기 때문에 모르는 누군가와 함께 걷는 것이 어색하고 불편하다. 가능하다면 업무와 관련 없는 다른 분야에 종사하는 사람들과 걷는다. 동네 사람들과 함께 걸어도 좋고, 지역마다 개최되는 걷기 대회에 참가해도 좋다. 인터넷 카페에 가입하여 걷기 동호회에 나가는 것도 방법일 수 있다,

2) 걷기 자원봉사를 한다

모르는 사람들과 함께 걷는 방법 중에 서울시 주최의 트래킹 대회와 서울 둘레길 봉사 활동, 한양도성 성곽 길 걷기를 선택했다.

서울 둘레길 봉사활동은 둘레 길을 걸으면서 길을 청소하고 관리하는 자원봉사 성격의 걷기다. 둘레 길은 1년 내내 사람들이 많이 찾는 장소다. 그러다 보니 서울시에서는 관리문제가 발생했으며, 서울시는 이 문제를 자원봉사자를 활용하여 해결하고자 한 것이다. 걷기 자원봉사자들에 의해 서울시 입장에서는 둘레 길을 유지 보존할 수 있고 쉽게 관리할 수 있으며, 자원봉사자 입장에서는 자원봉사를 하면서 걷는 즐거움도 줄 수 있다.

2) 한양 도성 성곽 길을 걸으면서 역사를 배운다

한양 도성 길라잡이와 함께하는 한양도성 투어는[37], 걷는 것만이 목적이 아니라 한양 도성을 알리는 것을 목적으로 만들어진 걷기 프로그램이다.

한양을 둘러싸고 있었던 성곽을 실제로 보면서 성곽에 얽힌 역사적 내용을 재미있게 들려준다. 성곽걷기 프로그램이 단순히 역사적 지식을 학교에서처럼 강의했다면 재미없어서 아무도 참석하지 않았을 것이다.

역사적 사실에 '걷기'를 연결하여 사람들에게 건강과 함께 지식까지 더해주어 즐겁게 배울 수 있는 프로그램으로 발전시킨 것이다. 서울시는 서울을 홍보할 수 있는 기회이며, 걷기 프로그램 참여자는 역사를 배움과 동시에 걷기를 통해 건강해질 수 있다.

누가 제안한 아이디어인지는 몰라도, 서울 둘레길 걷기나 서울 도성 성곽걷기 프로그램 모두 매우 창의적인 발상이라

---

37 조선 태조왕은 도읍을 개경에서 옮기기 위해 풍수지리에 따라 한양으로 정하였다. 한양도성 안쪽 4개의 산, 북악산(백악산), 낙산(타락산), 남산(목멱산), 인왕산의 내사산과 한양도성의 외곽 4개의 산, 북한산, 용마산, 관악산, 덕양산의 외사산이 둘러싸고 있으며 한강이 흐르고 있어 도읍지로서 손색이 없었다. 처음 도읍을 정하고 종묘와 사직을 만든 후, 한양의 사대문을 연결하여 성벽을 쌓기 시작했다. 처음 태조 때의 성벽과 그 이후 보수를 위해 다시 쌓은 성벽은 시대별로 돌의 형태와 크기가 다르다.

생각한다. 특히 성곽을 걸으면서 듣게 되는 자원봉사자들의 해박한 설명은 많은 기쁨을 주었다. 조선시대에 한양을 도읍지로 정하게 된 배경, 성벽의 돌 크기와 형태만으로 어느 시기에 만들어졌는지 알 수 있으며, 그 이후 근현대사를 거치면서 성곽이 소실된 배경 등을 배울 수 있다. 특히 남쪽에 있는 목멱산과 서쪽에 있는 인왕산 사이에는 일제 잔재가 많이 남아 있는 지역으로서, 일본 식민지 시절에 얼마나 많은 우리 땅을 유린했는지 제대로 알려준다.

4 : 나에 대한 이해와 새로운 시도는 목표를 세울 수 있게 한다

　목표를 설정할 때는 기존 지식과 경험을 기반으로 새롭게 시도한 경험들을 서로 연결하고 조합하여 목표를 만든다. 나에 대한 성향이나 역량, 그리고 새로운 시도를 통해 얻은 경험들을 연결하고 조합하여 새로운 아이디어를 생성하는 것이다.

　새로운 아이디어로 대안을 만드는 과정에서 창의적 생각 기법(4장 참조)이 필요하다. 생각기법을 활용하여 가능한 한 새롭고 많은 아이디어를 생성해야 하며, 창의적 아이디어가 만들어질수록 목표 달성이 수월해진다.

:: 그동안의 경험과 기억을 통틀어 가장 잘할 수 있는 것을 목
  표로 세운다

직장에서 가장 오랫동안 수행한 업무는 새로운 프로젝트
를 기획하거나 총괄 관리하는 일이었다. 기존 R&D 시스템
에서는 볼 수 없었던 혁신 프로세스를 도입하여 제도화하는
일을 했다.

식스 시그마[38] 또는 창의경영[39]과 같은 새로운 혁신적 방
법론을 R&D조직에 적용시키는 일이다. 이것은 R&D조직
에 처음으로 시도해 보는 창의적이고 혁신적인 일이었기 때
문에 많은 시행착오를 겪었다. 일반적으로 사람들은 아무리
좋은 제도나 규칙이더라도 변경되는 것을 좋아하지 않기 때
문에, 변화하고 적응하기까지 오랜 시간이 걸린다.

최근 수행하고 있는 직무는 통신과 타산업과의 융합을 기
반으로 새로운 서비스를 개발하는 업무다. 신규 서비스 발
굴은 그 분야의 시장이나 기술 트렌드 및 경쟁사 동향 등을
분석하여 기존에 없는 새로운 아이디어를 도출하여 새로운

---

38 식스 시그마(Six Sigma)는 품질혁신과 고객 만족을 달성하기 위한 과학적이고
   합리적인 문제 해결 방법으로서, 1980년대 말 모토로라에서 시작되어 GE, 소니 등
   글로벌 기업들이 채택하여 품질혁신으로 성공하였다.
39 창의경영의 대가인 게리 하멜(Gary Hamel)이 주창한 경영혁신 이론. 세계적 전략
   혁신이론이며, 기업경영에서 중요한 "핵심역량"과 "전략적 의도"란 용어를 창시함.

상품을 만들어야 하는 일이다.

1) 오랫동안 같은 일을 계속하면 잘할 수밖에 없다

R&D 프로세스를 혁신하거나 신규 서비스를 발굴하는 업무는 모두 창의적 사고를 필요로 하는 일이며 오랫동안 수행해온 일이다. 오랫동안 같은 분야에서 일하면 잘할 수밖에 없다.

수행했던 직무가 주로 도전적이고 창의적인 업무였으므로, 자연스럽게 창의성에 흥미가 생겼다. 누구나 비슷한 능력을 갖고 있는 사람들이 입사하여 업무를 수행하는데도 불구하고, 팀마다 다른 성과가 나타나는 이유는 무엇일까? 만약 성과에 영향을 미치는 요인들을 찾아내어 잘 관리할 수 있다면 누구나 훌륭한 성과를 낼 수 있지 않을까와 같은 의문이 생기기 시작했다.

그동안의 업무 경험과 이런 궁금증으로 연구를 시작했으며 실증을 통하여 논문까지 완성했다. 오랫동안 신규 서비스를 발굴해 왔으며, 본격적인 창의성 연구를 통해 이론적 지식도 습득했다.

무엇을 좋아하고 잘하는지 파악하기 위해 이것저것 다양한 시도도 했으며, 사람들에게 나에 대한 객관적 의견도 들었다. 무언가 목표를 세워 새로운 일을 시작하고 싶다.

2) 창의성과 관련된 목표를 세우기로 결정했다

창의적 결과물을 도출하려면 목표가 분명하고, 즉시 피드백이 있어야 한다고 했으니 우선 목표부터 세워야겠다. 적은 자원과 노력으로 성취 가능한 목표라면 도전하고 싶어지고, 설정한 목표가 도전할만한 가치가 있다고 생각된다면 달성할 수 있을 것이라는 충분한 자신감도 있다.

새롭게 설정될 목표는 프로젝트와 같이 목표가 분명한 일이었으면 좋겠고, 최근 수십 년간 창의성과 관련된 업무를 수행했으므로 창의성과 관련된 목표였으면 좋겠다. 또한 신규 서비스 발굴 및 개발을 위해 필요했던 지식이나 경험을 활용할 수 있는 목표라면 좋을 것 같다.

업무를 수행하거나 이것저것 다양하게 시도해 보면서 느낀 것은, 새롭게 도전하는 것을 아주 즐거워하며, 특히 과거에 한 번도 해 본적 없는 경험일수록 흥미를 느낀다. 목표를 설정하는데 있어서 조금 더 욕심을 내보자면, 나의 경험과 노력들이 나만을 위한 것이 아니라 다른 사람들에게 조금이라도 도움 되는 일이었으면 좋겠다는 바람을 갖는다.

내가 갖고 있는 지식과 경험을 기반으로 이런 조건을 모두 만족시킬 수 있는 목표를 설정해야 한다. 목표를 고민하고 또 고민하였으며 때로는 몰입하기도 하면서 찾은 목표가 책을 쓰는 것이었다. 작가가 되고 싶다고 생각해 본 적은 없으나, 한 분야에서 수십 년을 일해 왔기 때문에 언젠가는 나의 지식과 경험이 다른 사람들에게 도움 되는 일이기를 늘 바라고 있었다.

:: 가장 잘 할 수 있는 일은 창의성과 관련된 일이다

창의성이란 새롭고 유용한 것을 만들어 내는 것이고, 남과 다른 생각을 통하여 새로운 문제를 발견하거나 창의적으로 해결할 수 있는 능력이라고 했다.

1) 책은 창의적 결과물이다

인터넷이나 스마트 폰 등 IT기술의 발달로 이제는 누구나 쉽게 정보를 탐색 및 획득할 수 있기 때문에 창의적으로 생각하는 것이 더 인정받는 세상이 되었다. 창의성 분야에서 오랫동안 일했던 지식과 경험으로 창의성과 관련된 목표를 세우고 싶다.

그런데 책은 사람에게 새롭고 유용한 정보를 주는 창의적 결과물이므로, 책을 직접 작성한다면 창의적 결과물을 생성하는 것이다. 책을 통하여 사람들에게 유익한 정보를 제공하는 것이다. 책을 쓰겠다는 목표를 세웠으며 더군다나 창의성과 관련된 책을 쓸 것이다.

2) 창의적인 일은 사람을 즐겁고 행복하게 한다

목표가 명확해질수록 그리고 구체화하는 과정 속에서 더욱 의욕적이고 열정적이 되는 것 같다. 명확한 목표가 무엇인지 모를 경우에는 막연히 창의적인 일을 하고 싶다는 생각만 하고 무엇을 해야 하는지 모르고 있었다. 그런데 책 쓰기라는 목표를 세우고 난 뒤로는 오히려 마음이 편해졌다.

책쓰기와 관련된 책도 읽어보고 코칭도 받으며 책 쓰기를 위한 준비를 했다. 준비 과정만으로도 책이 완성된 것처럼 기쁘고, 책이 완성되었다는 착각에 빠지게 한다. 새로운 목표가 생겼다는 것만으로도 기쁘고, 내 이름의 책이 나온다는 상상을 하니 행복하다. 책은 내게 의미 있는 결과물이 될 것이다. 새로운 일에 대한 도전은 내게 매우 즐겁고 신나는 일이다.

5 : 새로운 목표 수립은 창의적인 과정이다

빠르게 변하는 세상에서도 잘 살아남으려면 남들과는 다른 차별화된 경쟁력을 갖추고 있어야 한다. 그러려면 정확하게 자신을 이해하고 있어야 한다.

내가 잘하고 좋아하는 일이 무엇인지 파악하기 위한 첫 단계로서, 다양한 시도들을 통해 나를 이해하고자 했다. 나를 제대로 이해하고 싶었던 것이다. 내가 무엇을 좋아하는지 또는 잘하는지 모를 경우 다양한 시도들은 매우 효과적이다.

:: 새롭게 시도할 아이디어들을 발굴한다

문제가 있다는 것을 인지하고 발견하며 문제가 명확해졌다면 이제 이를 해결하는 대안을 찾아야 한다. 문제는 남과 다른 경쟁력을 갖고 싶다는 것이었다. 경쟁력을 갖추기 위해서는 내가 잘하는 일, 좋아하는 일을 해야 하는데, 좋아하는 일은 하면 잘하게 되므로 자연스럽게 경쟁력을 갖추게 된다.

내가 무엇을 좋아하는지 또는 잘하는지를 파악하고자 할 때 다양한 시도들이 효과적이라고 했다. 따라서 우선 새롭게 시도할 아이디어가 많이 있어야 한다. 다양한 아이디어들 중에 내가 실행하면서 잘하는 일, 좋아하는 일을 찾는 것이다.

진정 내가 무엇을 좋아하는지, 무엇을 잘하는지 몰라서 오랜 기간동안 이것저것 다양하게 시도했다. 좋아하고 잘하는 것을 발견하기 위한 다양한 체험과 이해들이 적어도 나에게는 의미가 있는 경험들이었다.

진정 원하는 것이 무엇인지, 잘하는 것이 무엇인지 모른다면, 저자가 시도했던 방법을 추천하고 싶다. 이것저것 시도하는 내용들은 사람에 따라 다를 수 있으나 음악, 미술, 체육의 각 예술분야별로 다양하게 실천해 볼 것을 권한다.

1) 평소 생활에서 약간의 변화를 주는 방법도 창의적 훈련과정 이다

다양하게 시도를 해 보려고 해도 막상 어떻게 시작해야 하는지 막막하기만 할 것이다. 실제 저자가 실행한 바로는 시도라는 것을 거창하게 생각하면 안 된다는 것을 알았다. 평소 생활에서 약간의 변화를 주는 것만으로 족하다. 평상시의 생각이나 행동에서 약간만 벗어나는 것이다.

출퇴근이나 친구 만나러 갈 때 지하철을 타고 다녔다면 버스만을 이용해 가든지, 자동차가 있다면 차를 타고 가보는 것이다. 알고 있는 노선을 이용하지 말고, 돌아가더라도 다른 길을 선택해서 가 보자. 아주 낯선 새로운 길이 될 것이다. 평소 다니던 길이 아니므로 헤매지 않고 목적지까지 찾아 가려면 끊임없이 생각할 수밖에 없을 것이다.

평소 가보지 않던 카페나 서점을 간다든지, 전혀 관심 없었던 분야의 잡지를 읽어도 좋다. 점심 식사를 하기 위해 한 번도 가본 적 없는 식당을 선택하기도 하고, 즐기지 않던 음식을 먹어 보는 것도 좋은 시도라 할 수 있다. 좋아하지 않던 장르의 음악을 들어 보기도 하고, 춤이나 악기를 배워보는 것도 좋다.

2) 다양한 분야를 새롭게 시도하면 재능을 발견할 수도 있다

어떤 새로운 시도를 해볼지 생각나지 않거든, 4장에 언급되어 있는 창의적 생각기법(Tools)과, 5장에서의 창의성 향상을 위한 실천방법들을 활용한다. 뇌에서 기억을 저장하려면 새로운 것이 들어와야 하는데 이것저것 다양하게 시도해 보는 것은 새로운 기억을 저장하기 위한 아주 좋은 방법이다.

자신을 잘 이해하기 위해서는 자기 자신에게 묻고 또 물어서 진정 무엇을 하고 싶은지, 무엇을 잘하는지 파악해 나간다. 묻고 또 묻다보면 희미하게라도 생각나는 것이 생기며, 생각나는 모든 것을 적는다. 산책이나 여행을 통해 혼자만의 시간을 가져보는 것도 좋다.

가능하면 음악, 미술, 체육 등 모든 영역을 골고루 실행해 보는 것이 좋다. 특히, 유아나 어린 자녀를 키우는 부모들에게 내 자녀가 무엇을 잘하고 무엇을 좋아하는지 모를 경우 이 방법을 적극 권한다. 이것저것 다양하게 가르쳐 보는 것이 좋다. 음악, 미술, 체육 등 골고루 다양하게 가르쳐 보고 아이들이 유독 관심을 보이는 것이 무엇인지 살피는 것이 중요하다. 어떤 것에 관심을 가지는지, 무엇에 즐거워하는지 면밀하게 관찰한다.

아이들에게 좋아하고 잘 하는 것을 찾아주는 것은 아이의 미래를 결정할 수도 있으므로 아주 중요한 일이다. 주장이나 주관이 강한 아이들은 잘하고 좋아하는 것을 스스로 알아서 잘 찾아가기도 한다. 하지만, 어린 자녀의 무궁무진한 잠재력을 감안한다면, 선입관이나 가능성에 제한을 두지 않고 재능을 살펴보는 것은 중요하다.

:: 새롭게 실행하는 과정 자체가 창의적 과정이었다

저자의 문제는 경쟁력 향상이었기 때문에 내게 어떤 역량이 있는지부터 알아야 했다. 그런데 내가 무엇을 좋아하고 잘하는지 대해 정확히 모른다는 것이 더 큰 문제였다. "나"에 대한 이해가 부족했기 때문인 것이다.

오랫동안 해오던 업무나 잘한 일 등 경험에 대해 느낌이나 판단, 생각을 정리했으며, 나를 더 잘 이해하기 위해 나를 아는 주변 사람들에게 내가 어떤 사람인지 의견도 들었다. 내가 어떤 것을 좋아하는 사람인지 또는 잘하는 사람인지 자세히 파악하기 위해 이것저것 다양하고 많은 시도를 했다. 가능한 한 나를 객관적으로 분석하려고 했으며, 다양한 시도들을 통하여 철저하게 나를 이해하려고 노력했다.

- 무엇이든 새롭게 배운다는 것은 기쁨을 준다. 새로운 지식을 배우든지 또는 악기를 익히든, 그것도 아니면 사람을 새로 알게 되든지 무언가를 새로 알게 된다는 것은 즐거움이다.
- 이것저것 새로운 일에 도전하는 것, 그 자체가 즐겁다. 내 성향과 완전히 벗어나 이상한 것만 아니라면, 신규 서비스 발굴과 같은 업무를 오랫동안 해서인지는 몰라도, 새롭고 변화하는 일에 더 흥미를 느낀다.
- 몰랐던 사람을 만나서 그들의 이야기를 듣는 것을 좋아한다. 다른 사람의 이야기를 듣는 것에 익숙하며 즐긴다. 전혀 다른 분야의 사람을 만나는 것이 더 즐겁다.

- 무계획으로 하루 종일 지내기보다는 목표를 갖고 시간을 보내는 것을 더 좋아한다. 누구나 비슷할 것으로 생각되지만, 목적 없이 이뤄지는 행동들에 대해 가치 부여 하는 것이 어렵다.
- 상당히 목표 지향적이다. 그렇기 때문에 목표가 구체적이지 않으면 힘들어한다. 달성 가능한 목표가 있고 기한 내에 명확한 피드백이 생기는 일들을 좋아하며 때로는 분석적 성향이 나타나기도 한다.

새롭게 시도했던 일들은 무엇을 언제 어떻게 하겠다고 계획하고 실행한 것들이 아니다. 그때그때 생각나는 대로 상황에 맞게 틈나는 데로 시도했을 뿐이다.

기준이 있었다고 힌디면, 경험해 보지 않았던 것 위주의 일을 선택한다는 것이다. 때로는 과거에 경험했던 일이 있기도 했지만 이때는 방법을 다르게 하려고 노력했다.

CREATIVITY

PART 7

창의성 훈련 사례 II
문제 해결하기 (목표달성)

인생에서 실패한 사람 중 다수는

성공을 목전에 두고도 모른 채 포기한 이들이다.

— 토마스 에디슨 —

1 : 질문하고 또 질문하면
목표가 명확해진다

　문제의 발견은 문제가 존재한다는 인식과 이해가 선행되어야 한다. 나에 대한 이해와 새로운 시도들은 나를 이해할 수 있는 좋은 기회가 되었으며, 직장에서의 오랜 경험과 다양한 시도들은 문제를 해결할 수 있게 했다. 다시 말해 무엇을 하고 싶은지 모를 때 목표를 설정하게 해줬다.

　이제 남은 것은 목표를 명확히 구체화 하는 것과 목표 달성을 위한 실행이다. 목표가 달성됐다는 것은 문제를 해결한 것이다. 목표는 기대하는 것이 명확하고 분명할수록 달성 가능성이 높기 때문에 목표가 달성되었을 때 기대하는 것이 무엇인지 명확히 한다. 왜 그 목표를 선택했으며, 그 문제를 해결했을 때 어떤 의미를 부여할 수 있을지를 생각한다. 더불어 문제가 해결되었다는 것은 목표를 달성

했다는 말과 같은 것이므로 기쁨과 행복을 느낄 수 있어야
한다.

:: 신규서비스 발굴과정과 책 쓰는 과정은 유사하다

신규 서비스 발굴하는 과정과 책 쓰는 과정은 무척이나
닮아있다. 신규 서비스 발굴하는 과정을 그대로 책 쓰는 과
정에 적용해도 될 만큼 유사하다. 아마도 새로운 아이디어
를 발굴하고 생성하는 창의적 과정들은 모두 비슷할 것이라
생각된다.

1) 새로운 서비스를 발굴할 때는 우선 시장부터 파악한다

기업은 새로운 제품이나 서비스를 꾸준히 생성하지 않으
면 요즘같이 치열한 경쟁상황에서 생존할 수 없다. 경영자
들은 신규 상품을 만드는 사람이 창의적 인재이기를 바라
고, 또한 창의적 조직문화를 통하여 창의적 상품이 출시되
기를 기대한다.

새로운 서비스나 상품을 출시하려 할 때 어떤 산업분야에
서 어떤 상품을 개발하려 할지 대략의 감을 잡고 시작한다.
따라서 어떤 상품인지에 대해 그 분야의 시장이나 기술 동
향을 파악하게 된다. 그 분야의 시장이 열릴 것인지를 조사
하는 것이다. 시장을 살피는 과정에서 다방면으로 질문하고

또 질문하면서 철저하게 시장을 분석한다.

신규 서비스를 발굴하기 위한 초기에는 아이디어가 없다. 반짝이는 아이디어가 있다 하더라도 마찬가지로 질문할 수 있다. 아래 질문들은 이런 발굴 초기상태에서 할 수 있는 질문들이지만, 책을 쓰려고 할 때도 똑같이 적용될 수 있는 질문들이다.

- 발굴하고자 하는 영역에서의 시장 규모 또는 기술의 트랜드 등에 대해 파악하고 있는가?
- 현재 시장에 있는 주요 제품, 서비스가 무엇이며 주요 고객은 누구인가?
- 주요 경쟁사는 누구며 그들의 전략은 무엇인가?
- 그 분야에서 고객이 필요로 하는 니즈(Needs)는 무엇이며, 목표 고객(Target Customer)은 누구인가?

2) 차별화된 새로운 아이디어를 발굴한다

시장에 없는 또는 시장에 있더라도 신규 상품으로 만들 수 있는 아이디어를 발굴해야 한다. 물론 아이디어를 발굴할 때 창의적 사고가 필요하다. 창의적 사고란 생각의 한계를 두지 않고 모든 가능성을 열어두고 생각하는 것을 말한다.

사람들에게 정말 필요한 서비스가 무엇일까를 생각하며,

4장에서 언급했던 창의적 생각기법들을 다양하게 활용한다. 내 기업의 핵심기술과 강점을 살리면서 고객에게 필요하지만 남들이 생각하지 못한 차별화된 서비스를 생각한다. 내 분야와 다른 분야를 연결하여 조합해 보기도 하며, 고정관념의 틀을 깨고 거꾸로도 생각해 본다.

질문하고 분석하며 고민하는 과정 속에서 아이디어가 만들어지고, 아이디어는 점차 구체화되고 발전한다. 어느 부분에서든 궁금증이 생기면 조사하고 분석하여 의문이 풀릴 때까지 계속된다. 그러고 나서야 겨우 신규 서비스 컨셉을 잡고 아이디어를 구체화시켜 개발한다.

새로운 서비스를 발굴하기 위해서는 어떤 영역에서 어떤 상품을 개발하고 싶은지 대략이더라도 분야나 범위가 필요했다. 책을 쓰는 것도 이와 유사한 절차를 거치게 된다. 저자의 경우는 "창의성 책 쓰기"가 목표였으나 다른 목표를 갖고 있더라도 유사한 절차를 거칠 것이다.

:: 목표를 명확히 하기 위해 끊임없이 질문한다

무슨 일을 하든지 일의 초기단계인 기획은 중요하다. 기획할 때부터 다양한 각도에서 고민하고 목표나 내용들을 구체화한다면 성공 가능성을 높일 수 있다. 좋은 책을 쓰기 위해서는 본질적인 질문들이 우선되어야 한다.

- 책을 왜 쓰려고 하는가? 또는 출간하려는 목적은?
- 어떤 일에 관심이 있으며, 현재 무슨 업무를 하고 있는가?
- 책 쓰기 주제인 "창의성"에 대해 기본 지식이 있는가?
- 독자들은 어떤 정보를 원하는가?
- 책을 읽을 대상(Target), 즉 독자는 누구인가?
- 독자에게 어떤 정보(또는 이익)를 줄 수 있는가?
- 어떠한 책으로 남고 싶은가?
- 창의성 관련 업무나 창의적 결과물을 도출해 본 적이 있는가?
- 책 쓴 후에 어떤 미래를 그리고 있는가?

질문들을 끊임없이 계속해야만 목표를 명확히 할 수 있다. 옳은 질문을 해야 옳은 대답이 나온다고 한다. 현재는 창의성이라는 분야만 정한 상태이고 아직 어떤 창의성 책을 쓸 것인지 아이디어가 없지만 질문을 거듭할수록 아이디어도 생기고 희미했던 목표는 조금씩 명확해질 것이다.

질문과 알고 있는 것들을 메모하자. 위대한 역사적 천재들은 메모하는 습관이 있다고 했다. 우리도 생각나는 모든 질문들을 메모해 보자. 메모해야만 정리도 잘되고 기억에도 오래 남는다.

1) 책의 주요 독자는 누구인가?

기업에서 새로운 상품을 만들기 위해 철저한 준비과정이

필요한 것처럼 책 쓰는 것도 철저한 준비과정을 거쳐야 한다.

창의성 주제로 책을 쓰고자 목표를 정했었다. 독자가 어떤 사람들인가에 따라 책의 내용이 달라질 것이다. 아마도 이 질문은 창의성 책을 왜 쓰려고 하는가에 대한 질문과 유사할 것이다. 따라서 책을 읽을 대상을 정하는 것은 중요한 일이다.

창의성에 관심을 가질 사람들은 누구일까? 창의성 책을 읽으려는 사람의 최대 관심사는 무엇인가? 등 더 구체적인 질문들을 한다. 어떤 사람들을 대상으로 할 것인지 분명해야만 그들의 요구사항(Needs)을 정확히 해결해 줄 수 있다.

오랜 직장생활로 부터 창의성이 회사에서 얼마나 중요하게 작용되는지 알고 있다. 아이디어 하나가 어떻게 활용되고 어떻게 창의적인 결과를 창출하는지 알기 때문에 직장인이나 일반인들에게 잘 설명할 수 있을 거라 생각되었다. 따라서 창의성을 가장 필요로 하는 직장인이나 개인을 주요 타겟으로 잡았다. 개인을 대상으로 하되, 가장 창의성이 많이 필요한 20 ~ 40대를 주요 대상으로 삼았다.

기업의 창의성과 개인의 창의성은 관심분야에 의해 성격이 다르다. 팀 단위로 모여 일하는 기업들은 조직의 문화나 부서간의 관계, 집단 간의 역할이나 조직형태에 의해 나타나는 창의적 성과나 혁신에 관심이 많은 반면, 개인은 자기

계발을 통한 창의적 결과물에 더 관심이 많다. 창의적 결과물을 도출하는데 있어서 환경, 문화 등의 요소들이 기업이나 개인에게 미치는 영향이 각각 다르므로 창의성 향상을 위한 훈련방법도 달라진다.

2) 주요 타겟(20~40대 개인)인 독자들이 원하는 것은 무엇인가?

사람들이 창의성 책을 왜 읽을 것인가? 창의적인 사람이 되고 싶기 때문에 읽을 것이다. 그렇다면 왜 창의적인 사람이 되고 싶을까?

사람들은 창의성이 무엇인지가 궁금한 것이 아니라, 창의적 천재라고 불리는 아인슈타인, 에디슨, 모짜르트, 스티브 잡스 등과 같이 창조적인 사람이 될 수 없을지가 궁금한 것이다. 창의성 훈련법을 배워서 조금이라도 그들과 같이 창의적 결과물을 만들고 싶은 것이다. 창의적 천재들에 의해 인류는 지속적으로 발전되어 왔으며, 여전히 새로운 발명으로 사람들을 편리하게 해주고 있다.

우리는 늘 문제를 마주하며 살고 있다. 직면한 문제를 해결하지 못하면 불안하고 불행하다고 느끼며 살아가지만, 슬기롭게 문제를 해결하면 만족하여 행복을 느낀다. 사람들이 창의적인 사람이 되고 싶은 이유는 직면한 문제를 슬기롭게 해결하고 싶은 것이다. 미처 발견하지 못한 문제가 있다거나, 예기치 않은 문제가 닥쳤을 때 현명하게 해결함으로써 지금보다 더 나은 삶을 살고 싶은 것이다. 문제를 해결하는 데 있어서 가장 탁월한 방법이 창의성이기 때문에 창의성을 키울 수 있는 방법을 원하는 것이다.

따라서 "어떻게 훈련하면 창의성을 향상시킬 수 있을 것인가"로 주제를 잡았다. 창의성 훈련은 스스로 문제가 존재한다는 것을 의식하고 발견할 수 있어야 하며, 발견된 문제를 슬기롭게 해결해 나갈 수 있는 방법에 초점을 맞추고 있다.

창의성 책은 누구나 훈련을 통해 창의적 인재가 되는데 일조할 수 있을 것으로 기대한다. 창의성은 누구나 갖고 있는 기본 속성이므로, 창의적 생각 도구를 습득하고 열심히 훈련한다면 누구나 창의성을 발휘할 수 있기 때문이다. 이런 책을 쓴다는 것은 충분히 가치 있고 의미 있는 일이다. 질문을 거듭할수록 모호했던 목표가 구체화되고 분명해지기 시작했다.

2 : 무조건 시작한다.
시작했다면 이미 *70%* 이상은
달성한 것이다

빠른 기술의 변화와 불확실성에 의해 창의적 인재의 수요
는 날로 증가하고 있으므로, 창의성 향상 훈련방법에 대한
책을 쓴다면 오랜 직장에서의 경험도 활용할 수 있고, 충분
히 의미 있고 가치 있는 일이며 목표달성도 가능할 것이라
생각된다.

:: 일단 시작해야 한다

어떤 일을 해왔든지 간에 오랫동안 직장생활을 하면서 배
운 것이 있다면, "도전하는 사람만이 성장 한다"는 것이다.
이것이야말로 변치 않는 진리다. 아무리 좋은 목표를 세웠
더라도 실행하지 않는다면 의미가 없다.

"시작이 반"이라는 말을 많이 한다. 그러나 시작해야겠다고 마음먹은 상태가 반이다. 행동에 옮기기 시작한 것만으로도 70% 정도는 완성했다고 볼 수 있다. 베스트셀러로서 우리에게 잘 알려져 있는『시크릿』은, 바라는 무언가를 생각하면 마음먹게 되고 마음먹고 나면 행동하게 되기 때문에 결국 마음속에 무언가를 바라고 소망하면 반드시 이루게 된다고 한다. 간절히 소망하면 이뤄지는 것이다.

생각을 행동으로 옮기기 시작할 때, 자신감과 희망이 생겨 자기도 모르게 그 일에 몰두하게 된다. 새로운 일을 시작하는 데는 용기가 필요한데, 행동으로 옮기기 시작했다는 것은 이미 용기를 냈다는 것이기 때문에 자신감이 따라온다. 이러한 자신감은 사람들에게 당장이라도 목표가 달성될 것 같은 희망을 갖게 하고, 그렇기에 즐거울 수 있다. 자신감 넘치고 즐겁게 추진한다면 바라던 일은 자연스럽게 성취되어 있을 것이기 때문이다.

그러므로 일단 시작해야 한다. 새로운 시도들을 통해 시동이 걸리기 시작하면 문제 해결을 위한 아이디어들이 샘솟고, 더구나 누군가의 도움으로 성공의 기회가 되기도 한다. 그러니 일단, 시작하는 것이 중요하다. 아무 것도 시작하지 않으면 아무것도 남는 것이 없다. 목표를 세웠다면 시작하는 것이 백배 천배 더 나은 것이다. 비록 시작이 어설퍼 실패하더라도, 시작하면 반드시 남는 것이 있기 때문에 아무것도 안하는 것보다 낫다.

아이디어가 너무 빈약하여 제품이나 상품으로 상용화되지 못했다 하더라도 다음번 아이디어 발굴에 재료가 될 수도 있으며, 하다못해 교훈이 될 수도 한다. 용기를 갖고 책 쓰기를 시작해 보자. "그래! 일단, 저질러 보자. 창의성이란 주제로 책을 써보자"

:: 가장 쉬운 것부터 시작한다

창의성은 오랜 실무경험과 공부했던 지식으로 가장 자신 있는 분야다. 단지 책을 한 번도 써 본 경험이 없기에 내게는 책을 쓴다는 것 자체가 도전이며 용기다. 책 쓰기가 처음이다 보니 망설이게 된다. 차라리 창의성에 대해 강의하라고 하면 잘할 수 있을 것 같은데, 책 쓰기는 어렵다.

"창의성이란 주제로 언젠가는 책을 쓰고 싶다"는 생각을 한 적이 있다. 하지만 어디서부터 어떻게 시작해야 할지 몰라 막연하게 생각만 했던 것 같다. 구체적 계획도 없고 실행도 없는 생각은 도움이 되지 않는다. 때마침 바빠진 회사 업무는 좋은 핑계꺼리였다. 새로운 일을 시작할 때 가장 큰 걸림돌은 바쁘다는 것이다. 실행에 옮기지 못하고 책을 쓰겠다는 생각만으로 많은 시간이 흘렀다.

뭐라도 시작하지 않으면 한 발짝도 나아가지 못한 채 계속 시간만 보낼 것 같아, 쉬운 것부터 시작하기로 했다. 우선 기존 작가들의 책 쓰기 동영상도 보고, 관련된 책도 읽으며 책을 어떻게 쓰는지부터 배웠다. 유명 작가들이나 강연자들은 한결같이 "좋은 글을 많이 읽고, 많이 써봐야 한다"고 한다. 책 쓰기 책들도 같은 말만 반복한다. 구구절절이 옳은 말들인데, 그래서 책을 어떻게 쓰라는 것인가? 책 쓰는 것을 너무 쉽게 생각했나 보다.

창의성 책과 글쓰기 책들을 읽고 요약 정리하기 시작했다. 갖고 있는 모든 자료를 동원하여 자료를 만들어 보기로 했다. 자꾸만 게을러지고 시간이 없다는 핑계도 대보며 미루고 있다. 게을러지지 않고 책을 잘 쓸 수 있도록 도와줄 사람이 필요하다. 유명작가나 천재 과학자들에게도 늘 한명 이상의 정서적 인지적 지지자가 있었다고 한다.

멘토나 지지해 주는 사람이 있으면 긍정적 자신감이 상승하여 창의성에 좋은 영향을 준다고 한다. 아니면 약간의 강제성을 부여해도 좋을 것 같다. 부모, 스승, 친구, 동료 어느 누구라도 좋으니 정신적 후원자를 만드는 것이 잘 버티는 방법이다. 힘들고 어려울 때 정서적 인지적 지지자는 매우 큰 힘이 된다. 어떤 일을 하든지, 어떤 목표를 세우던지 문제는 늘 발생하기 마련이다. 나 스스로 의지가 약해지고 지식이 부족하여 생길 수도 있을 것이고, 환경영향 때문 일수도 있을 것이다. 긍정적 생각과 굳은 의지로 노력한다면 어떤 문제든 해결할 수 있다.

3: 집중하고 몰입하면 문제가 해결된다

어떤 일을 시작하든지 새로 시작하는 일에는 계획이 중요하다. 창의성 책을 쓰기 위해, 수십 권의 책과 수백 페이지에 달하는 자료를 요약 정리하였다. "창의성의 의미와 이해"를 위해 용어 정의도 하고 창의성 생각도구나 실천방법들도 상세하게 분류하며 정리했다. 철저하게 사전 준비를 마치고 이제 본격적으로 내용을 작성할 차례다.

책은 제목과 목차를 보면 파악이 되므로 목차가 무엇보다도 중요하다. 어떤 내용으로 어떻게 쓸 것인가에 대해 전체를 구상해 본다.

:: 몰입을 통해 책의 목차를 완성했다

책 쓰기에서 가장 핵심은 목차 작성이다. 목차를 잘 작성하려면 어떻게 해야 하는가를 지속적으로 질문을 반복하며 목차 작성에 들어갔다. 본문을 채운 상태에서 목차를 변경하기는 쉽지 않다. 처음부터 기획에 해당되는 목차를 잘 작성해야 하는 이유다.

전체 내용을 생각하며 목차를 작성했으나 잘 써지지 않는다. 뒤척이다가 새벽 5시에 일어났다. 집 근처 공원으로 나가 호수 있는 곳까지 갔다. 걸으면 뇌가 활성화되어 창의적인 생각에 도움 된다고 했으니 기대해 본다.

목차만 봐도 전체내용을 파악할 수 있어야 하고, 독자에게 도움 되는 책이어야 한다. 게다가 기존의 많은 창의성 책들과 차별화되면서 이해하기 쉽게 작성하려면 어떻게 해야 하는가? 아무리해도 좋은 해결책이 생각나지 않는다.

고민하며 계속 공원을 걷다보니 문득 "몰입"이란 단어가 떠올랐다. 창의성의 대가 칙센트미하이 교수나 서울대 황농문 교수는 문제를 해결하기 위해 몰입을 권고한다. 해결해야 할 문제에 대해 집중하여 1분 1초도 쉬지 않고 생각하고 또 생각하라고 했다. "목차 작성"이라는 문제를 해결하기 위해 몰입 훈련을 통하여 해결하기로 했다.

그런데 창의성 목차를 작성해야 할 시기와 바쁜 회사 업무가 겹쳐졌다. 연구개발한 내용을 전시하는 가장 큰 행사가 6~7월경에 있기 때문에 가장 바쁜 시기다. 바빠진 업무로 목차 작성에 몰입하기로 했는데 시작도 못하고 있다. 책 쓰기 시간을 확보할 수 유일한 방법이 잠을 줄이는 것이다. 퇴근해서 책상에 앉는 시간은 대략 12시경이다.

황농문 교수에 의하면 수면 부족은 몰입을 방해한다고 하는데 옳은 말인 것 같다. 회사 업무로 꽉 차있던 뇌에서 집에 오면 책 쓰기로 바뀌어야 하는데 쉽게 전환되지 않는다. 한 번에 하나의 생각에 집중해야 몰입할 수 있다는 말이 공감되는 순간이다.

몰입하기에 좋은 방법은 아니지만 회사 업무나 책 쓰기 어느 하나도 소홀할 수 없기에 낮에는 회사업무에 최선을 다하고, 밤에는 책에 최선을 다하는 시간을 보낸다. 시간을 분리하여 각각에 몰입하기로 하였다. 잠이 부족하여 효율이 급격히 떨어지지만 2~3시간 정도는 작성할 수 있으므로 몰입하여 목차를 작성했다. 몰입과 트리즈라는 창의적 생각기법 중 시간의 분리를 활용해서 문제를 해결한 것이다.

:: 창의성 훈련은 뻔하지 않으면서 쉽게 실천할 수 있어야 한다
창의성은 인류의 생존과 발전을 위해 없어서는 안 될 꼭 필요한 능력이므로 사람들은 창의적 인재를 필요로 한다. 창의적 인재가 되기 위해 스스로 질문하고 답을 찾는 창의성 훈련이 필요하다.

기존에 나와 있는 창의성 방법론을 쉽고 다르게 별난 책을 쓰고 싶은데 잘 안 된다. 끊임없이 집중하여 몰입하고 질문하면서 문제가 발생할 때마다 해답을 찾는다.

1) 창의적 생각기법들을 습득하고 실천방법을 훈련한다

창의적 생각기법들을 익히고 훈련한다. 즉 현재의 사고틀에서 벗어나 엉뚱한 상상도 하고, 거꾸로 생각해 보기도 한다. 자연현상이나 사람에 대해 호기심과 관심을 갖고 꾸준히 관찰하는 습관을 가지며, 끊임없이 질문하고 집중하며 몰입하여 생각한다.

내가 만약 그 상황에서 존경하는 유명인이나 연예인이라면 어떻게 대응했을까, 만약 동물이나 물체라면 어떤 일이 일어날 것인가와 같이 다양한 가정을 해본다. 만약, 내가 창의성을 보여준다면 어떤 일들이 벌어질까 등을 상상함으로써 창의적 생각기법들을 훈련한다.

2) 평범한 일반인의 창의적 훈련과정을 책에 담는다

창의성과 관련된 책이나 인터넷, 뉴스, 동영상 등의 자료들은 모두 창의적인 방법론을 활용하면 창의적 인재가 될 수 있다고 한다. 마치 "선한 일을 하면 복을 받고 악한 일을 하면 벌을 받는다(권선징악)"와 같이 당연한 얘기들만 한다. 틀린 얘기는 아니다.

그런데 창의적 방법론이 너무 다양하고 많아서 같은 방법론이어도 사용하는 사람과 환경에 따라 다르게 적용하고 있다. 창의적 생각도구나 실천방법론들을 모두 배운다고 창의적 인재가 되지는 않을 것이다.

무엇을 어떻게 해야 창의적 인재가 될 것인가? 창의적 천재들을 똑같이 따라하면 창의적 인재가 될 수 있는가? 창의적 천재가 되는 방법이 있다기 보다는 창의적 결과물을 생성했기 때문에 결과적으로 창의적 천재라 부르는 것은 아닐까? 그것도 아니라면, 원래부터 그들은 천재라서 창의성을 발휘했던 건 아닐까? 등등 끝없는 의문과 궁금증이 생긴다.

사람들이 알기를 원하는 창의성은 창의적 천재에게서 발휘되는 창의성이 아니라, 평범한 사람에게서 창의적 결과물이 도출되거나 창의성이 향상되는 모습을 보고 싶은 것이다. 따라서 평범한 사람들의 창의성 훈련과정을 자세히 보여주는 것이 적합할 것이라는 결론에 이르렀다.

우리 주변에서 쉽게 접할 수 있는 창의적 결과물을 사례로 보여 주는 것이다. 창의적 결과물이 도출되기까지의 과정을 그대로 보여준다면, 활용된 훈련방법들은 타당할 것이기 때문이다. 저자가 직접 경험한 창의적 사례들을 책에 포함한다면 다른 창의성 책과 차별화할 수 있는 부분이 될 수 있을 것이다.

3) 책 쓰기는 창의적 사고를 필요로 하므로, 창의성 사례로 최적이다

창의적 결과물은 새롭고 독특하며 고객에게 유용한 결과물들 제공해주는 것이어야 창의적 결과물로서 적합하다. 회사에서는 주로 기획서, 프로젝트 제안서, 보고서, 새로운 아이디어, 신규 서비스 상품 등이 창의적 결과물이라 할 수 있다.

창의적 결과물이 만들어지는 과정에서 창의적 생각기법들이 활용될 것이므로 적합한 사례를 찾고자 집중하며 생각을 끊임없이 지속하였으며, 적합한 사례를 찾기 위해 주변 사람들에게 의견을 구하기도 했다.

가장 대중적이며 실생활에서 쉽게 접근할 수 있는 창의성 사례는, 나만의 레시피(요리법)를 활용한 요리, 작곡, 글쓰기, 그림 그리기, 공예작품 만들기 등이 생성되었다. 이중에서 글쓰기 즉, 책 쓰기가 가장 맘에 들었다.

유레카!! 책은 우리 주변에서 쉽게 접할 수 있으며, 저자만의 독특한 경험이 들어갈 수 있고, 사람들에게 유용한 정보를 줄 수 있으니 창의적 결과물로서 충분히 적합하다고 생각되었다. 책은 그 자체로서 창의적 결과물이기 때문에 책 쓰는 과정은 창의적 과정이라 할 수 있다. 책을 쓸 때 기존에 나와 있는 책과 똑 같이 쓰는 사람은 없을 것이다. 그렇기에 책은 창의성 사례로서 최적인 것이다.

창의성은 한 사람이 가지고 있는 특성, 행동, 관계, 사회적 영향을 모두 합쳐도 설명하기 어려울 정도로 복잡하다. 또한 과학자들에 의하면 창의성이 언제 어디에서 어떻게 생성되는지 아무도 모른다고 한다.

필요한 상황에서 새롭고 독특한 아이디어가 떠올라야 하는데 정작 언제 어떻게 생기는지 모르기 때문에 창의성을 설명하기 어려운 것이다. 창의성은 갑자기 떠오르기도 하고 때로는 오랫동안의 몰입 끝에 나오기도 한다.

언제 어떻게 창의성이 발현될 지 아무도 모르기 때문에, 많은 시도를 해보는 것이 좋은 방법이다. 새롭고 낯선 시도들은 뇌에 신선한 자극을 주기 때문이다. 다양한 사람들을 만나고, 평소 듣지 않던 음악이나 강의를 듣거나 낯선 곳을 여행해 본다.

새로운 시도 하나하나가 새롭고 독특한 생각을 할 수 있는 기회가 되기 때문에, 창의적 과정이라 할 수 있다. 책 쓰는 과정을 자세히 기술함으로써, 제시하고 있는 창의적 생각기법들이 언제 어떻게 활용되었는지 간접적으로 확인할 수 있으며, 어느 순간에 창의성이 발현되었는지 알 수 있는 기회를 제공한다.

4 : 목표 달성을 위해 적용된 창의적 훈련방법

　책 쓰기라는 목표를 달성하는 과정이나 책 목차를 결정하는 것과 같이 크고 작은 문제가 발생할 때마다 창의적 생각기법(4장)과 창의성 향상을 위한 훈련을 통해 해결하고자 했다.

　책이 완성되는 과정은 창의적 생각없이는 쓸 수 없는 창조적인 작업이며, 꾸준히 앉아서 써야 하는 노동의 과정이지만 의지만 있으면 누구나 쓸 수 있다. 창의성이 발휘되는 것도 책 쓰기와 마찬가지로 누구나 창의성에 관심을 갖고 부단히 노력하고 훈련한다면 창의성을 발휘할 수 있다. 머리로만 생각하지 말고 실행하는 것이 중요하다. 두려워하거나 망설이지 말고 무조건 쓰기를 시작하라. 무엇이든 자꾸 쓰다 보면 쓸 것이 생기게 되고, 결국 창의적 결과물인 책이 완성되어 있을 것이다.

:: 책 쓰는 단계마다 창의적 사고를 필요로 한다

월러스에 의하면, 창의적인 사고는 준비기, 부화기, 발현기, 검증기의 4단계를 거치면서 창의성이 생긴다고 한다(봍임3참조). 책 역시 창의적 결과물이므로 월러스의 4단계를 거치게 된다.

책에서 가장 중요한 목차를 결정하기 전에, 관련 책이나 뉴스, 동영상 등 자료를 수집하고 내용을 정리하면서 준비단계를 거쳤다.

창의적 사고의 부화기는 가능한 한 많은 아이디어가 생성되는 시기다. 목차를 어떻게 구성하면 좋을지에 대해, 사람들에게 의견을 듣기도 하고 다른 책을 벤치마킹도 했으며 코칭도 받으며 많은 아이디어를 내고 수정에 수정을 거듭하면서 아이디어를 발전시켰다. 전체 내용을 고려하여 목차를 작성하고, 다른 책과의 차별성을 위해 저자의 실제사례를 책에 포함시키겠다는 아이디어를 이 시기에 도출했다. 이제 발현기가 지난 것이다.

"저자의 책 쓰는 과정을 창의성 훈련사례로 포함하는 것"이란 아이디어가 효과적이었는지에 대한 검증이 필요하다. 만약 이 책을 읽고 있다면, 책이 출간되었다는 것이기 때문에 책 쓰기 사례는 유용했다고 말할 수 있다. 이 시기가 검증단계인 것이다. 책 목차와 내용을 구성하기까지 무척 오랜 시간이 걸렸다. 책이 출간되었다면 창의적 결과물이 생성된 것이다.

1) 목표달성은 간절함과 지속적인 노력이 필수적이다

반드시 달성하고야 말겠다는 간절함이 있어야 의지도 생기고, 노력도 하게 된다. 간절함은 생존이나 미래에 대한 두려움으로 생길 수도 있지만, 도전적 목표달성이라는 기쁨으로도 생긴다. 어떠한 이유에서건 간절함은 무언가를 시작할 수 원동력이다.

초고를 끝내고 수정을 계속하지만 맘에 안 든다. 그렇지 않아도 반복 수정에 지쳐 있는데 회사업무 마저 바빠지기 시작했다. 바쁘고 피곤하니 핑계가 백가지도 넘게 생긴다. 작성한 원고를 읽고는 있으나 한 글자도 수정하지 못하고 있다. 아무 생각이 없으며 간절함도 없다. 아무 것도 안 한 채 두 달이 훌쩍 지났다. 두어 달이 지나고 원고를 봤으나 원고 내용이 기억나지 않는다. 두어 달 전에는 2~3시간밖에 못 자면서도 신나게 썼는데 지금은 간절함이 없어졌는지 의욕도 없다.

2) 스스로 의지가 없을 때는 약간의 강제성을 부여한다

스스로에게 의지가 생기지 않는다면, 환경을 변화시켜 약간의 강제성을 부여한다. 각종 핑계로 게을러진 습관을 변화시키기 위해 가장 수월한 것이 주변 환경을 변화시키는 것이다.

나태해지려는 집을 벗어나 노트북을 들고 무조건 카페에 갔다. 카페에 앉아 있는 것만으로도 기분 전환이 된다. 원고

를 읽어보았으나 여전히 처음 보는 듯 낯설다. 처음 자료를
수집하고 정리하던 때로 돌아가서 요약 정리한 내용들을 다
시 읽기 시작했다.

진행하던 일을 중지했다가 다시 시작할 때는 많은 시간을
필요로 한다는 것을 알았다. 멈추기 이전의 상태로 돌아오
기까지 놀았던 만큼의 시간을 필요로 한다. 두 달을 놀았는
데 기억을 복구하기까지 두 달 이상이 걸렸다.

3) 한 발짝 뒤로 물러나서 보면, 보이지 않던 것이 보이게 된다

원고 작성을 중지했던 시간들이 반드시 나쁘지만은 않다.
의도하지는 않았지만 자연스럽게 원고를 새로운 관점으로
볼 수 있게 되었다. 그동안은 보이지 않았던 부분이 보이기
시작한다. 몰입을 통해 열심히 작성했던 목차조차 엉망이며
내용도 이상하다. 두 달 이상 쉰 덕분에 책도 더 읽으며 자료
를 보충하며 목차를 재작성할 수 있었다.

원래의 상태로 되돌아오기까지 오랜 시간이 걸렸지만, 지
나치게 바쁘거나 힘들 때는 휴식하는 것이 좋다. 휴식이 창
의성에 도움을 주는 것은 확실하다.

:: 창의적으로 문제를 해결한 결과

새로운 문제를 발견하거나 문제가 발생했을 때 이를 극복

하기 위해 창의성은 좋은 무기가 된다. 창의적 생각기법이나 창의성 향상의 훈련방법들은 문제를 슬기롭게 해결할 수 있는 훌륭한 방법론이다.

목표 달성을 위해 다양한 해결법이 존재할 수 있다. 세상에 해결방법이 한 가지만 있는 것은 없다. 문제를 어떤 시각으로 어떻게 접근하느냐에 따라 다양한 해결책이 나오기도한다. 또한 스스로 노력하여 목표를 달성할 수도 있을 것이고, 다른 사람의 도움을 받아 해결할 수도 있을 것이다.

1) 평범한 사람의 창의성 사례가 더 현실적이다

역사적 천재가 발명을 하면 너무도 당연하게 느껴진다. 물론 그들도 보이지 않는 열정과 노력을 했겠지만, 우리는 그들을 천부적 재능이라는 선입견을 갖고 바라본다. 그들의 최종 결과물만 알고 있을 뿐이고, 그 결과물이 생성되기까지의 과정을 생생하게 알기 어렵다.

창의성은 누구나 갖고 있는 기본 속성임에도 불구하고 우리는 창의성이 훈련에 의해 향상될 수 있는 것인지 잘 믿지 못한다. 그러므로 저자와 같은 평범한 사람의 창의적 사례가 필요할 것이라 생각했다. 창의적 생각기법을 활용하여 창의적 결과물이 생성되는 과정을 사실 그대로 보여준다면 더 믿기 수월할 것이라 생각한다.

이런 과정 속에서 창의성이 어떻게 발현되는지도 자연스럽게 알 수 있을 것이다. 저자가 문제를 발견하고 해결했듯이 따라 하면 누구나 쉽게 창의성이 생성될 수 있다는 자신감을 줄 수 있다고 생각했다.

2) 목표 달성(책 출간) 과정에서 창의적 생각기법들이 활용되었다

책에서 가장 중요한 부분은 목차라 생각한다. 목차가 가장 중요한 만큼 목차를 작성할 때 창의적 기법이 필요했다. 철저한 자료 조사도 필요하지만 스스로의 질문 및 몰입 등과 같은 창의적 생각기법들을 활용하여 목차를 작성했다. 목차를 작성하기 까지 시행착오도 여러 번 겪었고 수십 번의 수정 및 변경을 통해 목차가 확정되었다.

남과 다른 책이 되기 위해 집중적으로 생각하고 몰입한 끝에 창의적 대가들보다도 평범한 사람들의 창의성 사례가 더 좋을 것이라고 생각하여 책 내용에 저자의 책 쓰기 사례를 포함하기로 결정했다.

책은 창의적 결과물이므로 책 쓰는 모든 단계마다 창의적 사고가 필요하다. 책이 완성되어 출간된다는 것은 그 자체로서 창의적 결과물이 생성된 것이다.

[붙임1] TRIZ의 40가지 발명원리(176쪽)

발명원리	설명
1. 분할	쪼개어 사용.
2. 추출	필요한 부분만 추출.
3. 국소적 품질	전체를 똑같이 할 필요는 없이 부분적 품질만족.
4. 비대칭	대칭대신 비대칭으로 만듦.
5. 통합	한번에 여러 작업을 동시에 실행.
6. 다용도	하나의 부품을 여러 용도로 사용.
7. 포개기	하나를 다른 사물속에 넣음.
8. 평형추	다른 사물과 결합하여 무게를 상쇄시킴.
9. 사전 반대 조치	미리 반대방향으로 조치를 취함.
10. 사전 조치	미리 조치.
11. 사전 예방 조치	미리 예방 조치를 취함.
12. 높이 맞추기	들어 올리기나 내릴 필요없게 함.
13. 반대로 하기	반대로 하기.
14. 곡선화	직선을 곡선으로. 평면을 곡면으로 변경.
15. 자유도 증가	부분이나 단계마다 자유롭게 만듦.
16. 초과 또는 부족	지나치게 많이하거나 부족하게 함.
17. 차원 바꾸기	X축 또는 Y축으로, 1차원을 2차원으로 차원을 변경.
18. 진동	진동을 이용.
19. 주기적 작동	연속동작을 주기적 동작으로 변경.
20. 유용한 작용의 지속	불필요한 동작 제거하고, 쉬지 않고 지속.
21. 급히 통과	해롭고 위험한 작동은 빨리 진행.
22. 전화위복	유해한 것을 좋은 것으로 변경.
23. 피드백	피드백을 도입.
24. 매개체	중간 매개물을 이용.

발명원리	설명
25. 셀프서비스	스스로 기능이 수행되게 함.
26. 복사	복잡하고 비싼 것 대신 간단한 것으로 복사.
27. 값싸고 짧은 수명	값싼 것으로 대체하여 한번 쓰고 버림.
28. 기계시스템 대체	기계시스템을 빛, 소리, 열 등의 시스템으로 교환.
29. 공기 및 유압사용	공기나 유압을 사용.
30. 유연한 얇은 막	유연한 막과 얇은 필름을 사용.
31. 다공질 물질	구멍이 숭숭 뚫린 물질 사용.
32. 색깔 변형	사물이나 외부환경 색깔을 변화시킴.
33. 동질성	본체와 같은 재료를 사용.
34. 폐기 및 재생	다 쓴 것은 버리거나 복구.
35. 속성 변화	물질의 속성을 변화(농도, 밀도, 온도, 부피 등).
36. 상 전이	부피변화나 열의 방출/흡수 등의 상전이 현상을 활용.
37. 열팽창	온도변화에 의한 팽창/수축을 이용.
38. 산화제	산화 수준을 증가.
39. 불활성 환경	정상환경을 불활성으로 변경.
40. 복합 재료	단일한 재료대신 복합재료를 활용.

[붙임2] **오스본**(A.F. Osborn)**의 창의적 문제해결방법**(258쪽)

1. 문제를 명확히 정의하는 단계
  - 개인이 중요하게 생각하는 목표나 문제를 다루는 단계로서, 개인별 스타일을 고려하여 문제 및 상황을 파악.
  - 사실, 지식, 관심, 의문, 걱정. 지각 등 알고 있는 모든 사실 나열.
  - 실제 상황을 이해하기에 필요한 정보들을 분류 및 분석.
  - 해결하고자 하는 문제나 관심에 대해 문제를 작성.

2. 문제해결을 위해 다양하고 많은 아이디어를 생성하는 단계
  - 가능한 한 다양하고 많은 아이디어를 생성하는 단계로 평가하지 않음.

- 확산적 사고를 위해 창의적 생각도구(4장 참조) 활용.

3. 생성된 아이디어를 실현 가능한 행동으로 전환하여 실행하는 단계
   - 수많은 아이디어들로부터 실행 가능하도록 선정기준을 마련.
   - 선정된 대안들을 실행.

[붙임3] **칙센트미하이와 월라스의 창의적 사고 단계**(330쪽)

1. **칙센트미하이의 창의적 사고**

   창의적 사고가 준비기, 잠복기, 깨달음, 평가, 완성단계 과정을 순환적으로 거치면서 창의적 결과물이 생성.

   ① **준비기**: 호기심에 의해 문제에 깊이 빠지게 되는 준비.
   ② **잠복기**: 아이디어들의 연결과 조합을 통해 새로운 아이디어들이 생성.
   ③ **깨달음**: "아하!"할 수 있는 결정적 아이디어 도출.
   ④ **완성**: 아이디어의 실행여부를 평가하여 최종 완성.

2. **월라스(Wallas, 1920년)의 창의적 사고**

   준비기, 부화기, 발현기, 검증기 단계를 거쳐 창의적 결과물을 생성.

   ① **준비기(Preparation)**: 자료수집과 다양한 시도를 해보는 단계
      - 문제가 있다는 것을 의식.
      - 여러 각도에서 문제를 분석하며, 문제를 정의하고 원인을 탐구

   ② **부화기(Incubation)**: 문제와 관련 없는 전혀 다른 일을 하거나 휴식을 취하는 시기
      - 실제로는 의식적으로 문제에 대한 생각을 회피(소극적 회피).
      - 다른 일에 관심을 두어 원래의 문제로부터 벗어남(적극적 회피).
      - 문제 해결방안은 오랜 시간에 걸쳐 나타나기도 함.

   ③ **발현기(Illumination)**: 어느 날 갑자기 해결방안이 떠오르는 시기
      - 갑자기 직관이나 통찰에 의해 문제 해결방안이 떠오름.
      - 암시와 같은 무의식 속에서 아이디어가 갑자기 나타나기도 함.

   ④ **검증기(Verification)**: 문제해결을 위해 아이디어를 적용하는 시기
      - 해결방안대로 실행하여 타당성을 검증하며, 지속적으로 검토 발전.

창의성이 뭐길래?

초판인쇄   2018년 5월 29일
초판발행   2018년 6월 1일

지은이   장은영
펴낸이   김재광
펴낸곳   솔과학
디자인   이수정(sujoung71@hanmail.net)
출판등록   제 10-140호 1997년 2월 22일
주소   서울시 마포구 독막길 295, 302호(염리동 삼부골든타워)
e-mail   solkwahak@hanmail.net
대표전화   02)714-8655
팩스   02)711-4656

ISBN   979-11-87124-37-5